ウェルビーイング
向上のための

働く女性と管理職
３０００人に生理について実態調査

女性健康支援と
フェムテック

米川瑞穂 編著
日経BP 総合研究所
メディカル・ヘルスラボ

日経BP

はじめに

「2030（にいまるさんまる）」の宿題が終わらない日本。女性が活躍しやすい社会をつくるために今知るべきこと、未来のためにできることとは？

政府は2003年、「社会のあらゆる分野において、2020年までに、指導的地位（議会議員、法人・団体等における課長相当職以上の者、専門的・技術的な職業のうち特に専門性が高い職業に従事する者）に女性が占める割合が、少なくとも30％程度になるよう期待する」という、いわゆる**「2030」**を目標に掲げました。

女性活躍は日本の成長戦略の柱の一つとされ、「女性活躍推進法」も施行されました。しかし2020年になってもこの「宿題」は達成できず、「2020年代の可能な限り早期」にと目標が先延ばしされ、2022年の現在も未達成です。

また世界経済フォーラム（WEF）が発表している**「ジェンダーギャップ指数」の2022年版で、日本は146カ国中116位、主要7カ国（G7）の中で最低の順位でした。先進国の中で日本は、男女平等から最も遠い国**なのです。

リーダー層の女性が増えない日本ですが、働く女性の数自体は増えています。厚生労働省の「令和2年版 働く女性の実情」によると2020年、**労働力人口総数に占める女性の割合は44.3%**でした。

それでは、日本社会の中で女性の活躍を阻んでいるのは何なのでしょうか？ 大きな支障の一つとして注目されているのが、生理や更年期など**女性特有の健康問題**です。

2019年に経済産業省がまとめた「健康経営における女性の健康の取り組みについて」では、**生理関連の不快な症状で、社会経済的負担は年間6828億円、うち労働損失は4911億円**に及ぶとされています。生理関連の不快な症状は、本人がつらいだけではなく、企業や社会にとっても大きな損失を生んでいるのです。

女性の健康支援が「健康経営優良法人」の必須条件に

経済産業省では毎年**「健康経営度調査」**を行い、従業員の健康管理を経営的な視点でとらえ、戦略的に取り組んでいる企業が社会的に評価されるよう、顕彰制度をつくっています。

この調査に参加し**「健康経営優良法人」に認定された法人は、2022年に大規模法人で2299社（前年比498社プラス）、中小規模法人で**

1万2255社（前年比1.5倍、4321社プラス）と、大幅に増加しました。そのうち**上位500社は、大規模法人では「ホワイト500」、中小規模法人では「ブライト500」**に認定、さらに**上場企業の中でROE（自己資本利益率）や情報開示など一定の基準をクリアした法人は「健康経営銘柄」**とされ、株価や企業価値に大きな影響を与えています。

このベースとなる「健康経営度調査」では、法令に基づく妊娠中の従業員への配慮とは別に、女性特有の健康課題に関する取り組み状況が設問に入っており、**「特に行っていない」企業は、健康経営優良法人に「不適合」**とされてしまいます。

経済産業省「健康経営度調査」
令和3年度版より
女性の健康支援体制についての設問

Q 女性特有の健康関連課題に関する行動を促すために、どのような取り組みを行っていますか。

※法令に基づく妊娠中の従業員に対する業務上の配慮にとどまる取り組みは除きます。

1 婦人科健診・検診への金銭補助を行っている（がん検診を含む）

2 婦人科健診・検診の受診に対する就業時間認定や特別休暇付与を行っている

3 従業員や保健師等による女性の健康専門の相談窓口を設置している（メールや電話等による相談を含む）

4 女性特有の健康関連課題に対応可能な体制を構築している（産業医や婦人科医の配置、外部の医師や相談窓口の紹介等）

5 女性の健康づくりを推進する部署やプロジェクトチームを設置している

6 妊婦健診等の母性健康管理のためのサポートの周知徹底を行っている

7 不妊治療に対する支援を行っている（通院の際の特別休暇付与等）

8 生理休暇を取得しやすい環境を整備している（有給化や管理職への周知徹底等）

⇒ある場合、2020年度の生理休暇取得総日数（1人当たり平均ではなく法人全体）

※単に生理休暇の制度があるだけでなく、利用を促進する環境の整備が求められます。

9 更年期症状や更年期障害の改善に向けた支援を行っている（通院の際の特別休暇付与等）

10 女性専用の休憩室を設置している（※法律上設置義務のある休養室は除く）

11 月経随伴症状の自己管理を支援するツールやアプリを提供している

そして、**女性の健康に関する社内向け教育も「特に行っていない」企業は「不適合」**とされます。教育では、セミナーなどの実施の有無だけではなく、どれだけの人が参加したのか、**参加率の回答も必須**になっています。

経済産業省「健康経営度調査」
令和3年度版より
女性特有の健康課題についての
社内セミナーなどについての設問

Q 女性特有の健康関連課題(※)に関する知識を得るための取り組み(セミナー等での教育)について、どのような従業員を対象に行っていますか。(いくつでも)また、行っている場合は、それぞれの属性の全従業員における2020年度の参加割合をご記入ください。

※PMS(月経前症候群)や月経随伴症状といった月経周期に伴う心身の変化、妊娠/不妊、周産期ケア、更年期症状や更年期障害、婦人科系がん等の婦人科疾患を指します。

◆eラーニング等を含みます。啓発書類の配布のみ行っている場合は除いてください。

◆参加割合について、2021年度から始めた場合は2021年度の実績でご回答ください。

1 参加者を女性のみに限定して実施 ⇒ 全女性従業員の約__割

2 参加者を管理職のみに限定し、管理職向けの内容で実施 ⇒ 全管理職の約__割

3 男女や管理職等の対象を限定せず実施⇒全従業員の約__割

健康経営を実現する上で、婦人科健診の補助や研修など、働く女性の健康対策は不可欠なものとされているのです。

日経BP 総合研究所がビジネスパーソンを対象に2022年3月に実施した「5年後の未来に関する調査」でも、**従業員の健康対策に関連する事業の成長性は「急速に早まる」との回答が18.3%、「早まる」は56.7%で、合計で75%**に達しました（DATA 01）。そして企業による従業員の健康対策への取り組みについて、今後5年間に重要性が増す項目は「ヘルスリテラシー教育」や「病気治療と仕事の両立支援」に次ぎ、「女性の健康保持増進」となっています（DATA 02）。

DATA 01　「従業員の健康対策事業は拡大する」が75%

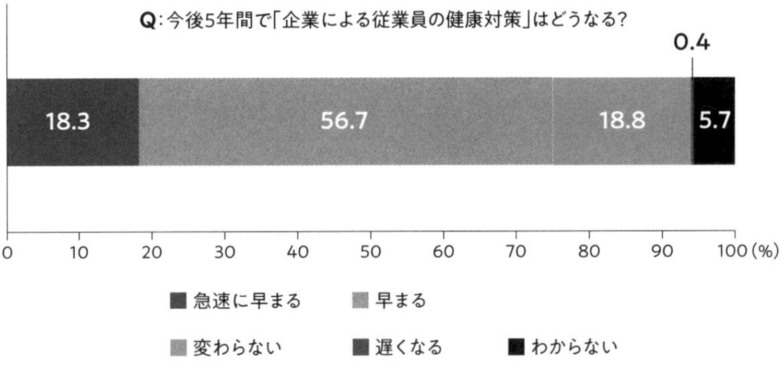

出所：日経BP 総合研究所「5年後の未来に関する調査【人材戦略とウェルビーイング経営編】」 2022年3月実施 回答者数：371

DATA 02　「女性の健康保持増進はこれから重要性が増す」が5割弱

Q：従業員の健康対策として現在実施しているもの/
今後5年間で重要性が増すものは？（複数回答）（差が大きい順にソート）

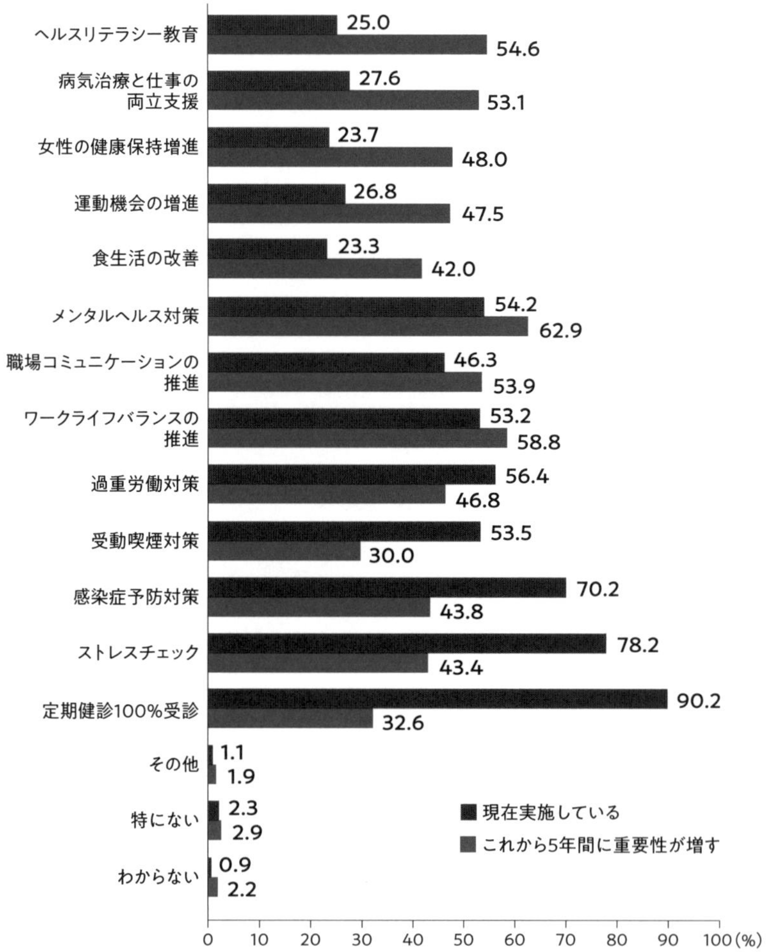

出所：日経BP 総合研究所「5年後の未来に関する調査【人材戦略とウェルビーイング経営編】」　2022年3月実施 回答者数：350

「健康経営優良法人」が1万5000社近くまで増加したといっても、全国の企業数は367万4000社もあり（2021年6月時点、総務省と経済産業省が発表した「経済センサス活動調査速報」より）、まだ取り組みが不十分な企業が多勢であると考えられます。また「健康経営優良法人」に認定された企業でも、進捗状況はさまざまです。

本書では、企業における女性の健康支援策導入のヒントやサポートになることを目指し、日経BPが2021年と2022年に行った最新調査から41の豊富なデータを公開し、今まであまり語られてこなかった女性の健康課題をめぐる現状と課題について「見える化」します。さらに女性の健康をサポートするフェムテック（58～59ページ参照）や、健康支援策を導入した企業の先進事例を紹介し、今後の展望を探っていきます。

まず第1章では、日経BP 総合研究所が2021年に行った調査「働く女性1956人の生理の悩みと仕事と生活」から、働く女性が実際に抱えている生理の悩みと、仕事や生活への影響、そして求められている支援策を明らかにし、女性活躍を阻んでいる「7つの壁」をつまびらかにしていきます。

そして第2章では、それらのハードルに挑み、社会課題解決に向けた取り組みを進めている6社のキーパーソンをインタビューしています。

続く第3章では、フェムテックブームの中で働く女性の意識がどのように変わってきたのか、そして企業の管理職との間でどのようなギャップが存在するのか、2022年に行った2つの独自調査から紹介します。

さらに第4章では、企業における女性の健康支援の必要性や、実際に導入して明らかになった効果について3社を取材しました。

巻末では、生理で悩まない社会をつくるために、今日からできることをまとめた「アクションプラン」、正しい知識が得られる「Checkリスト」「Q＆A」も掲載しています。

今まで女性特有の健康課題については女性自身も「恥ずかしい、はしたない」と直視せず、男性や企業は「女性個人の問題」と向き合ってきませんでした。その中で放置されてきた数多くの課題を、最新のデータとリアルなコメントで可視化し、一部はショッキングともいえる結果を共有することで、女性と企業、そしてこれからの日本社会全体が変わる一助となれば幸いです。

Point

- ☑ **労働力の44％以上を女性が占めている中、生理の不快な症状による労働損失は年間4911億円に**
- ☑ **146カ国中116位のジェンダーギャップを解消し、「2030」達成のためにも女性特有の健康課題への対応が不可欠**
- ☑ **経済産業省の「健康経営優良法人」に認定されるには女性特有の健康課題に関する取り組みが不可欠、厚生労働省の「えるぼし認定」**(178ページ参照)**でも評価される**

ウェルビーイング向上のための
女性健康支援とフェムテック

Contents 目次

DATA索引

第 1 章

フェムテックムーブメントの背景

女性活躍を阻む、生理をめぐる7つの壁

生理をめぐる7つのハードル
～働く女性2000人調査より～

女性特有の健康課題の中でも、多くの女性が抱える毎月の生理のトラブル。日経BP 総合研究所では、2021年8月、働く女性の生理の悩みや、それによる仕事や生活への影響について、約2000人の女性にアンケートを行いました。その結果、生理関連の不快な症状がQOL（生活の質）を大きく落としている事実が見えてきたのです。

調査は2021年8月、日経xwomanをはじめ、日経グループのメディア読者やサービスのユーザーを中心に、働く女性を対象にWEBでアンケートを行いました（詳しくは次ページ）。現在生理がある、または妊娠中・産後の人で、かつ生理前や生理中に「不快な症状がある」あるいは「医療機関で治療を受けていて、不快な症状はあまり気にならない」と答えた18～49歳の女性1956人から回答を得ています。

回答者の年齢は、20代以下が204人、30代738人、40代1014人（DATA 03）。勤務先の業種は1位が「製造」で20.4％、2位が「卸売・小売・商業（商社含む）」の10.1％、3位が「金融・証券・保険」で6.2％でした（DATA 04）。厚生労働省の「令和2年版 働く女性の実情」

では、日本の女性雇用者を産業別に見ると1位は「医療、福祉」の23.7％となっており、男性は「製造業」が1位で21.7％、次いで「卸売業・小売業」14.2％なので、今回の調査は、**男性が多い職場で、肩を並べて仕事をしている女性が多い**という特徴があります。また44.4％が、従業員数1000人以上の大企業に勤務する女性でした（DATA 05）。

そして役職では、課長以上の管理職の女性が14.7％でした（DATA 06）。2021年に帝国データバンクが行った「女性登用に対する企業の意識調査」では、企業の女性管理職の割合は平均8.9％だったのと比較すると、高い割合になります。また「係長・主任」クラスも24.1％おり、「2030」のロールモデルとなり得る女性リーダーと、その予備軍といえる女性たちのデータであるといえます。つまり今後、日本の「2030」達成の成否を握り、**女性活躍推進のキーとなる女性たちを対象に行った調査**なのです。

調査概要：
「働く女性1956人の生理の悩みと仕事と生活」（以下「働く女性調査2021」）

日経xwomanをはじめ、日経グループのメディア読者・ユーザーを中心に、働く女性を対象にWEBアンケートを実施。現在生理がある、または妊娠中・産後の人で、かつ生理前や生理中に「不快な症状がある」あるいは「医療機関で治療を受けていて、不快な症状はあまり気にならない」と答えた18～49歳の女性1956人から回答を得た（20代以下204人、30代 738人、40代 1014人）。調査実施期間は2021年8月2日～20日。

DATA 03　生理に悩む40代以下の女性約2000人に調査

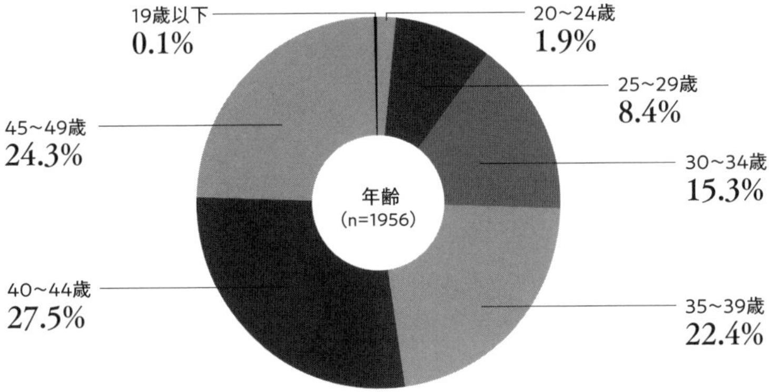

出所：日経BP 総合研究所『『働く女性1956人の生理の悩みと仕事と生活』調査」　以下、第１章のグラフデータの出所はすべて同

DATA 04　業種は製造、商業、金融が上位

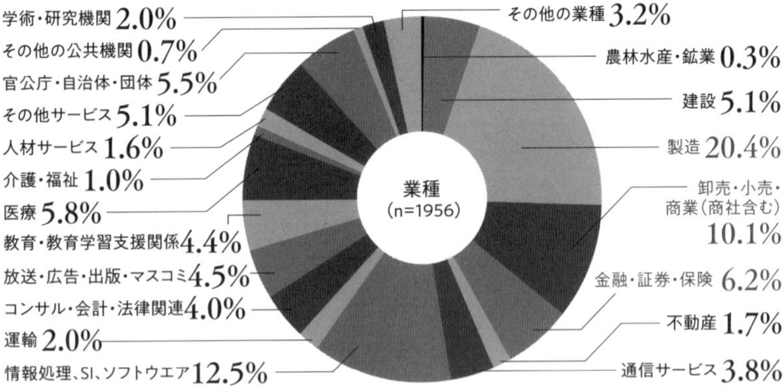

DATA 05　44.4%が従業員数1000人以上の大企業に勤務

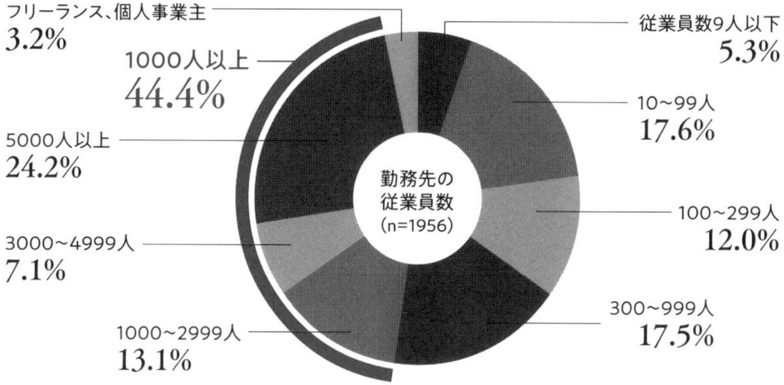

DATA 06　課長以上の管理職の女性が14.7%、係長クラスは24.1%

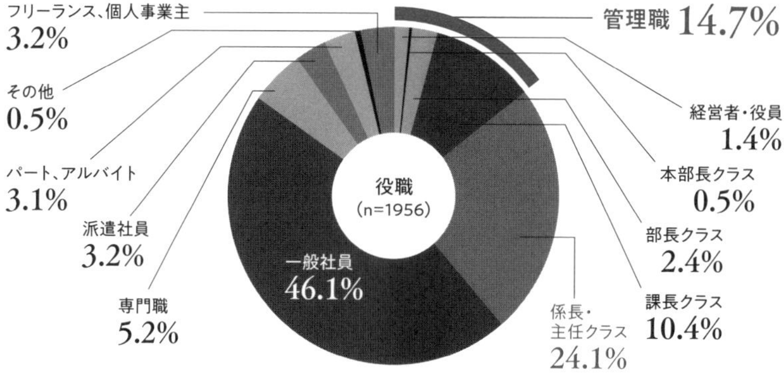

女性は生理によって 毎月約5日、年間60日不調に

「働く女性調査2021」の対象は、現在生理がある人（または妊娠中・産後の人）で、生理前や生理中に「不快な症状がある」、「医療機関で治療を受けていて、不快な症状はあまり気にならない」と答えた1956人の働く女性です。

DATA 07　「症状が強いが我慢している」が66.4%

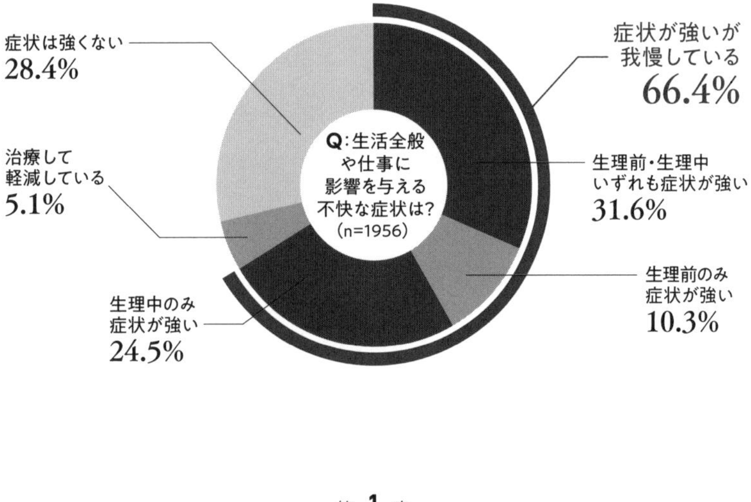

経済産業省が2018年に行った「働く女性の健康推進に関する実態調査」によると、女性特有の健康課題によって勤務先で困った経験があると回答した人は52%、そのうち生理関連の不調に悩む人は72%でした。少なくとも2人に1人が毎月、職場で問題を抱えているわけです。

まず生理前や生理中の不快な症状の程度について聞いたところ、最多だったのは「生理前・生理中いずれも症状が強い」で31.6%（DATA 07）。「生理前のみ症状が強い」10.3%、「生理中のみ症状が強い」24.5%を合計すると、**66.4%の女性は症状が強いのに我慢している**ということがわかりました。**「治療して軽減している」と回答した人は**

DATA 08　不快な症状は年間約60日に及ぶ

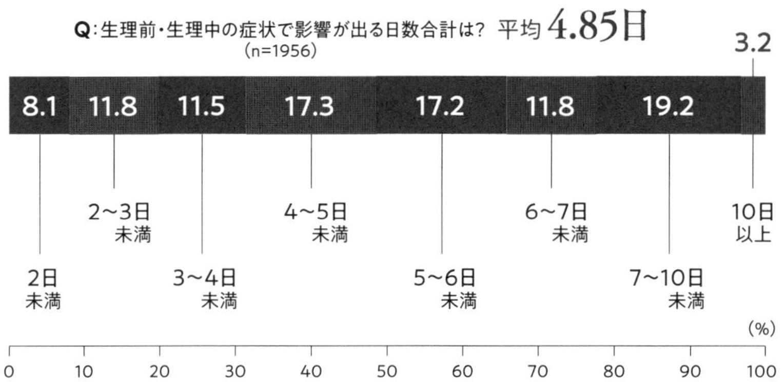

5.1%だったので、治療をせず症状がつらいまま放置されているという現状がわかります。

そして生理前と生理中の不快な症状の影響を受ける日数の合計は、1周期の生理で平均4.85日でした(DATA 08)。1カ月に1回生理があるとすると**1年間で約60日、つまり2カ月もの期間をつらい状態で過ごしている**のです。また、**1周期に7日間以上影響があると答えた人が2割以上**いるということも明らかになりました。

Point

- ☑ **生理の不快な症状が強くても66.4%の女性が我慢しており、「治療で改善」は5.1%のみ**
- ☑ **不快な症状の影響は毎月約5日、年間で2カ月に及ぶ**

生理の影響で4人中3人が仕事の効率低下を感じ生産性は約6割にダウン

それでは、不快な症状がある期間、女性にはどのような影響が出ているのでしょう。トップは、「仕事の効率が落ちる」で75.4%（DATA 09）。次いで「ミスが増える」（27.8%）、「つらくて休む」（24.2%）が続き、**4分の3の人にプレゼンティーイズム**（欠勤には至っていないものの、健康問題が理由で生産性が低下している状態）、そして**4分の1の人にアブセンティーイズム**（健康問題による欠勤）を引き起こしていることがわかります。「コミュニケーションがうまくいかない」（17.4%）と、人間関係に悩む人も見受けられました。

こうした影響により、仕事の生産性や生活への満足度は大きく低下します。仕事の出来（パフォーマンス）は、生理の影響がないときを10点とした場合、不快な症状があるときは平均で6.35点になるという結果に（DATA 10）。同調査の別の質問では仕事や働くことに対する満足度が6.16点に下がることが明らかになっており、生理の不快な症状で、仕事の生産性と満足度はともに約4割低下しているのです。

DATA 09　不快な症状で仕事の効率が低下する人が75.4%

Q:生理に伴う不快な症状が仕事に与える影響は?
(複数回答)(n=1956)

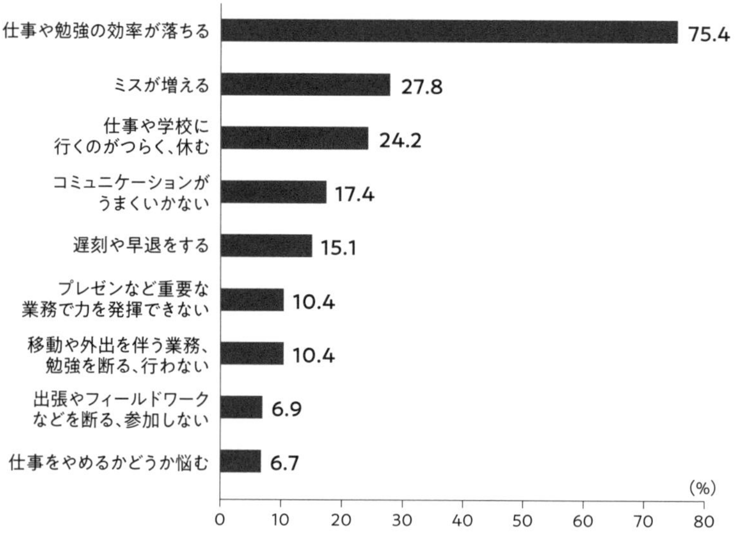

DATA 10　仕事のパフォーマンスは約4割ダウン

Q:不快な症状の影響を
受けているときの仕事の出来は? 平均**6.35点**
(n=1956)

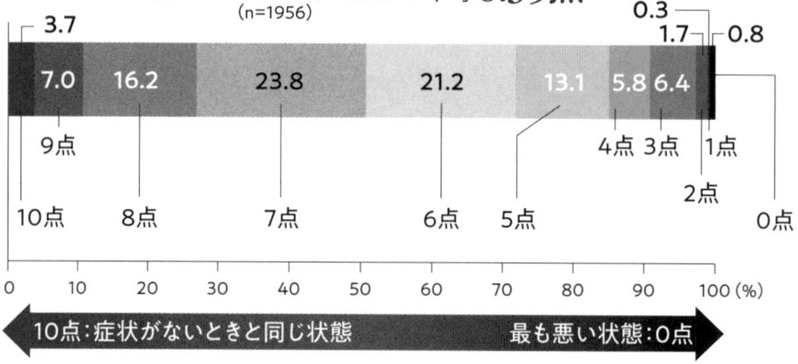

【参考】企業に女性社員(40代以下)が100人いる場合……

100人

×

「女性特有の健康課題などにより職場で困った経験がある」52%(※)

×

生産性が低下する日は月間4.85日

×

生産性低下率は36.5%

×

日当2万円とすると

⬇

毎月約184万円、年間約2209万円の労働損失と算出できる

※出典:経済産業省　2018年「働く女性の健康医推進に関する実態調査」

Point

- ☑ 生理の不快な症状で約75%の女性が仕事の効率低下を感じている
- ☑ 通常時と比較すると仕事の生産性は約6割に低下
- ☑ 女性社員が100人いる会社なら年間約2200万円以上の労働損失に

生理休暇などの支援制度は企業規模によって格差が

生理の症状がつらく、パフォーマンスも低下してしまうのであれば、生理休暇を使えばいいと考える人もいるかもしれませんが、残念ながら**生理休暇などのサポート制度は企業規模によって大きな格差があること**も明らかになりました。経済的な理由で生理用ナプキンが購入できない「生理の貧困」が問題になっていますが、勤務する企業によっても「生理へのサポート格差」は存在しているのです。

「働く女性調査2021」で、生理に伴う不快な症状を抱える女性をサポートする職場の制度について聞いたところ、63.2％の人は「生理休暇」があると答え、「テレワーク、フレックスタイム」がある（36.7％）という回答が続きました（DATA 11）。

中でも従業員数1000人以上の大企業に勤めている人は7割以上が生理休暇、約5割はテレワークやフレックスタイムなど柔軟な働き方制度があると答えています（DATA 12）。一方で**従業員数9人以下の**

DATA 11　生理休暇がある人は63.2%、治療サポートは少数派

Q:職場にある制度は?
(複数回答)(n=1893、フリーランスを除く)

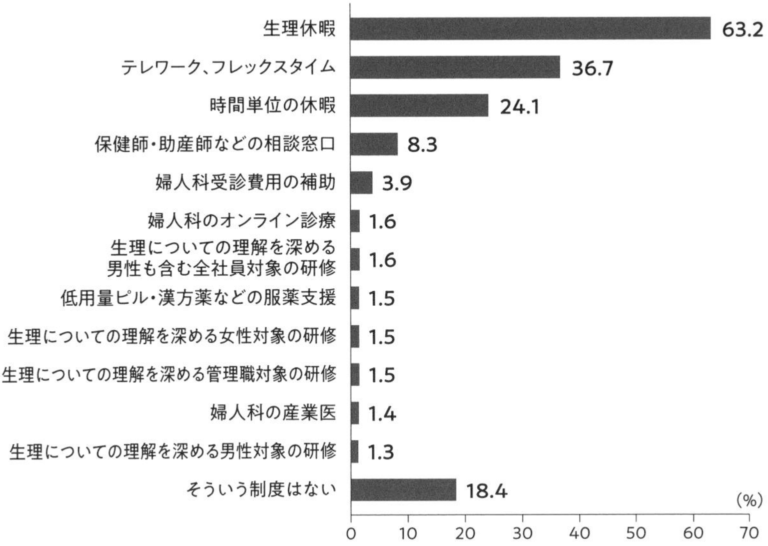

企業に勤める人の約6割は「生理関連の不快な症状をサポートする制度はない」と回答。生理休暇があると答えた人は25.2%にとどまっており、企業規模の違いによって、女性のサポート体制に格差が生じています。

また全体を通して、婦人科受診の費用補助や服薬支援などの制度があるという人はごく少数で、**組織における生理ケア制度としては**

「休暇」がメインで、「治療」まで至っていないことが明らかになりました。

DATA 12　企業規模によりサポート制度に大きな格差が

Q：職場にある制度は?<従業員数別>
（複数回答）（n=1893、フリーランスを除く）

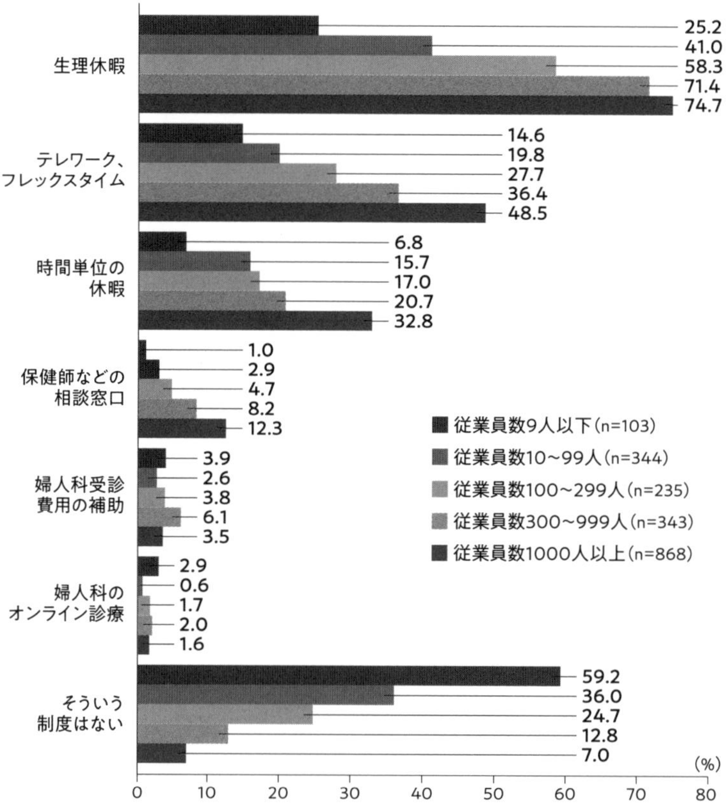

Point

- ☑ 勤務先に生理休暇があると答えた女性は63.2%。大企業では約75%、従業員数9人以下の企業では約25%と大きな格差が
- ☑ サポート制度がない女性は、大企業では1割未満、従業員数9人以下の企業では約6割
- ☑ 制度としては生理休暇やフレックスタイムなど「休暇」がメインで、症状緩和のための治療サポートに至っていない企業が多い

「制度があっても利用できない」生理休暇の利用者は1割未満

しかし制度があったとしても、生理休暇を「ほぼ毎回利用している」という人は1.9%、生理に伴う症状が強い人でもわずか2.7%でした（DATA 13）。「たまに利用している」5.6%を足しても、**利用者は1割未満**という結果で、**生理休暇は機能不全**に陥っているのです。

DATA 13　生理休暇を利用している人は1割未満

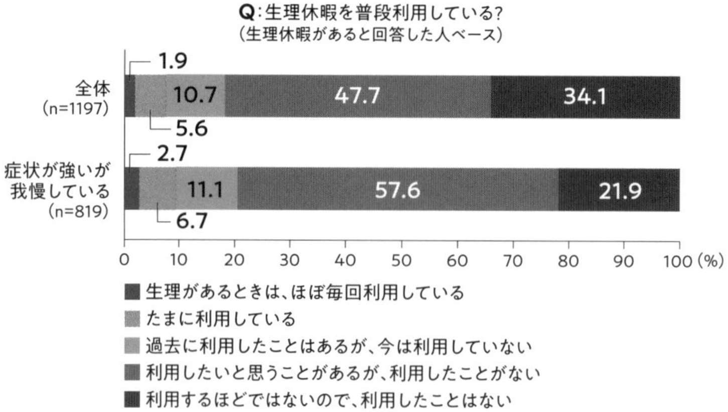

多数派は**「利用したいと思うことがあるが、利用したことがない」（47.7%）**で、症状が強い人では57.6%でした。つらくても、休みたくても休めない、厳しい現状が見えてきます。

それではなぜ、生理休暇が使えないのか理由を聞くと、1位は**「男性上司に申請しにくい」が61.8%**で、「利用している人が少ないので申請しにくい」（50.5%）、「休んで迷惑をかけたくない」（36.2%）が続きました（DATA 14）。女性たちの複雑な心の内側が透ける結果で

DATA 14　「男性上司に申請しにくい」が約6割

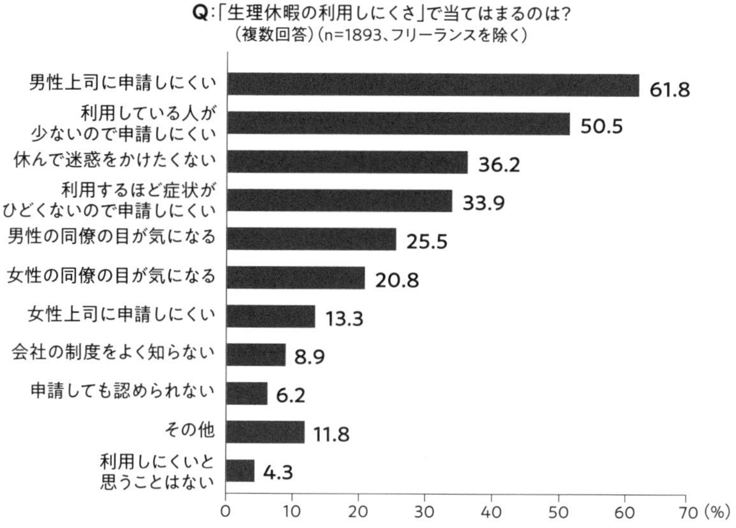

すが、仮に男性上司に申請しやすい状況がつくれたとしても、女性も主戦力として働くのが当たり前の今の時代に、生理で毎月休むのは物理的にも精神的にも難しいかもしれません。

上司への申請が必要で利用しにくい生理休暇の代わりに、**約2割の人が生理のために有給休暇を使っていました**（DATA 15）。本来は趣味やリフレッシュなど、プライベートの充実にあてたい有給休暇を、女性特有の症状のために使わざるを得ないというのは、長く働き続けていく上で望ましいことではありません。また「症状が強いが我慢している」人でも、3割以上の人が「生理の症状のために仕事を休んだことはない」と答えています。

DATA 15　生理休暇の代わりに有休休暇を使う人が約2割

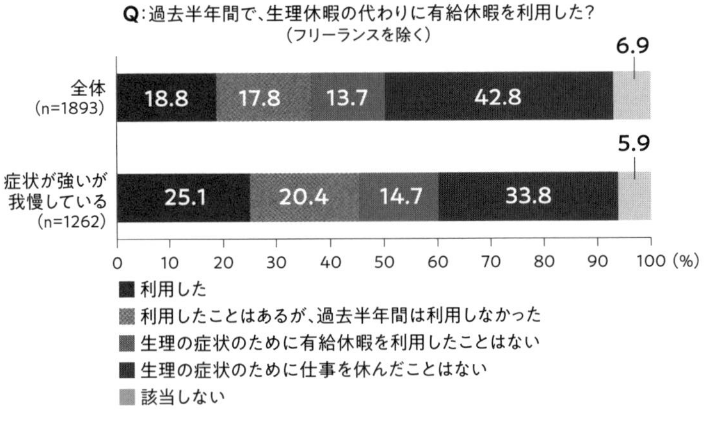

Point

- ☑ 生理休暇を「ほぼ毎回利用」は1.9%。「たまに利用」を足しても1割未満
- ☑「男性上司に申請しにくい」「利用者が少ないので申請しにくい」「休んで迷惑をかけたくない」など多くのハードルが
- ☑ 生理休暇の代わりに約2割の人は有給休暇を利用

教育・知識不足と「つらいのは当たり前」という思い込み

「働く女性調査2021」では、生理で不快な症状があるにもかかわらず、婦人科を受診したことがある人は4割未満でした。そして、医療機関を受診しない理由を聞いてみると、61.9%が「病院に行くほどの症状ではないと思うから」と答えました（DATA 16）。次いで「症状が出る期間だけ我慢すればいいから」（32.7%）、「忙しくて時間がないから」（29.5%）という回答が続きました。そう考えてしまう背景に、**「生理でつらいのは当たり前だから」（17.9%）**といった思い込みもあるようです。また「不快な症状を治療できると知らなかったから」という人も1割弱存在しました。

また医療機関を受診しなかった理由について、従業員数9人以下の企業に勤める人とフリーランスの人は「お金がかかるから」「不快な症状を治療できると知らなかったから」と回答する比率が高く、生理休暇などのサポート制度と同様、大企業に勤めている人との間で格差が生じていました（DATA 17）。

DATA 16　3人に1人は「その期間は我慢」して病院に行かない

Q:症状軽減のために
医療機関を受診しない理由は?
(複数回答)(受診経験がない人ベース)

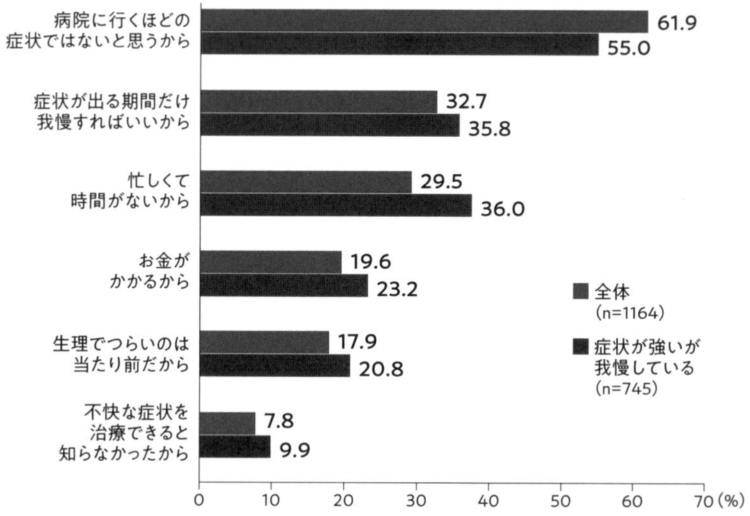

実は、生理関連の不快な症状、特に生理痛を治療せずに我慢や放置することはQOLや生産性を低下させるだけでなく、**「子宮内膜症」という病気や不妊になるリスクが上がる**ことがわかっています。しかし日本医療政策機構の2021年の調査「現代日本における子どもをもつことに関する世論調査」では、46.7%の女性はそのことを知らないという結果でした。

DATA 17

従業員数9人以下の女性は特に「お金」と「知識」が受診のネックに

Q:症状軽減のために医療機関を受診をしない理由は?
(複数回答)(従業員数別)(受診経験がない人ベース)

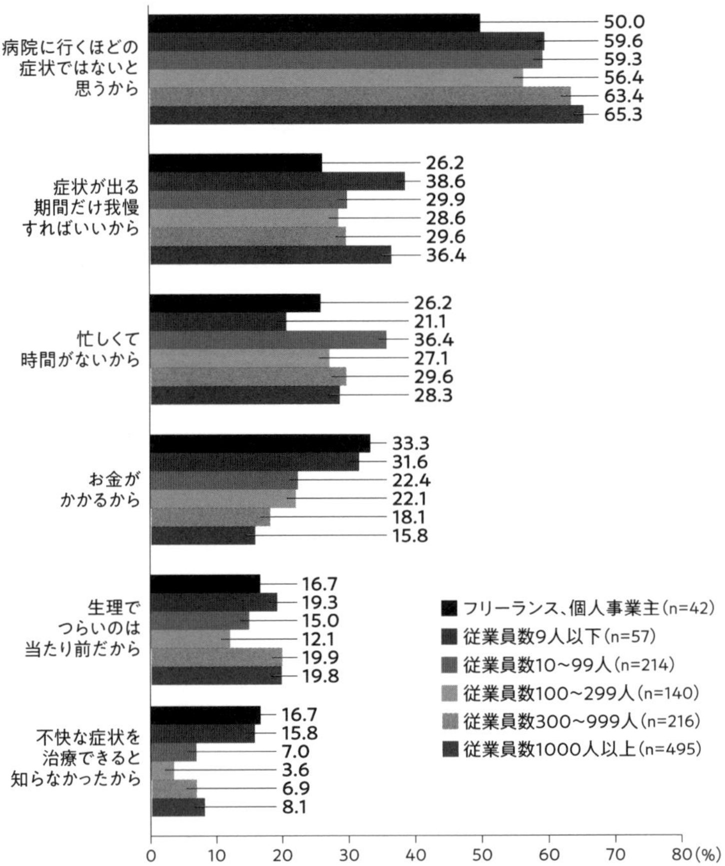

こうした思い込みをしてしまう要因の一つとして、「不快な症状を軽減するための対策」について「特に教育を受けたことがない」と答えた人が約8割にのぼっている点が挙げられます（DATA 18）。学校や家庭で、生理でつらいときはどうしたらいいのか、対処しないとどんな影響があるのかなどについて、知識を得る機会がほぼないため、適切な対処行動がとれずにいると考えられます。

DATA 18　「教育を受けたことがない」が約8割

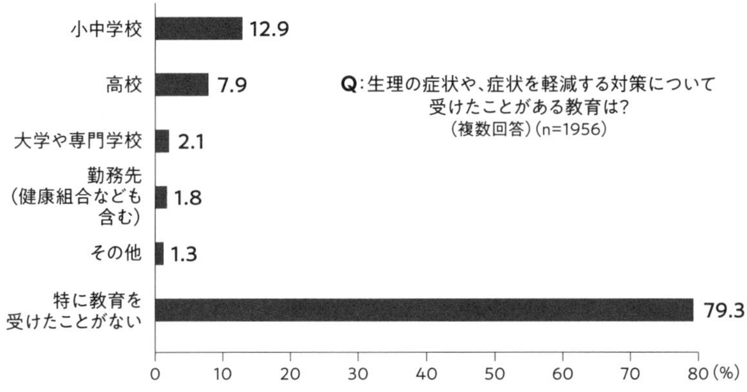

医療機関を受診した人にきっかけを聞いたところ、「不調を感じ、自分の意思で」が63.1％でトップ、2位は「健康診断などの結果から」で22.5％でした（DATA 19）。ここでも、生理の不調についての知

DATA 19　不調を感じてから受診する人が約6割

Q:医療機関を受診したきっかけは? <年代別>
(複数回答)(受診経験がある人ベース)

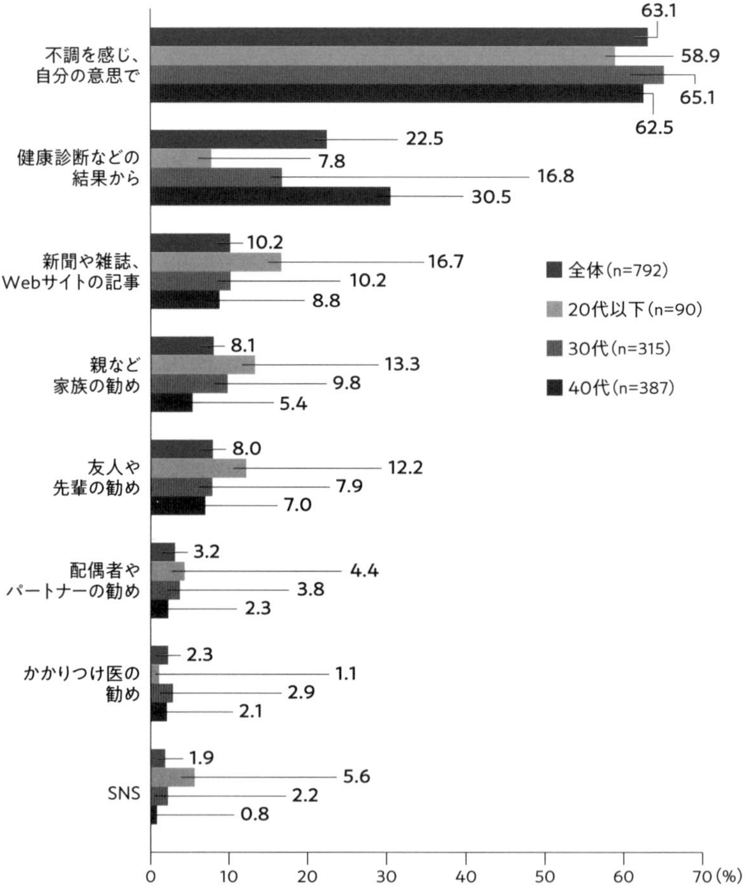

識が不足しているために、ひどい生理痛は「月経困難症」という病気であることや、生理痛や過多月経の原因が「子宮内膜症」や「子宮筋腫」などの婦人科系疾患である可能性について、正しく理解されていないことがうかがえます。「不調を感じ、自分の意思で」医療機関を受診したという人の中には、すでに症状が進行・悪化してしまっているケースもあるはずです。

現在の一般的な健康診断では「生理の頻度」や「痛み」についてはあまりチェックされていないため、**婦人科の問診項目を追加したり、企業が婦人科健診の機会を補助したりすれば、受診や治療のきっかけに**なります。女性だけでなく企業や社会全体が生理について正しい知識を得ること、治療しやすい環境を整えてケアしていくことが、女性が活躍していく上で大きなサポートになるはずです。

Point

- ☑ **生理の不快な症状が強い人でも半数以上が「病院に行くほどではない」と考え受診していない**
- ☑ **生理の不快な症状や対処法について「特に教育を受けたことがない」人が約8割**
- ☑ **約1割の人は「不快な症状を治療できると知らなかった」と回答**

半数以上の職場は「生理についての理解がない」

生理に伴う不快な症状を我慢し続けているにもかかわらず、今回の調査では**55.4%の女性が「職場は生理関連の不調を抱える人に対して理解がない」と回答**しました（DATA 20）。

DATA 20　職場は「不調を抱える人に理解がない」が半数以上

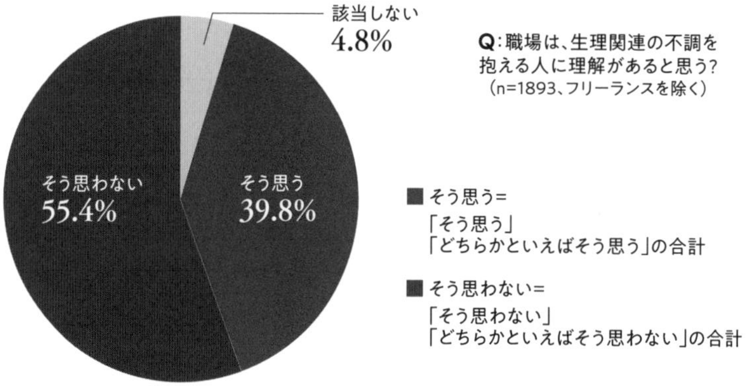

一方、**「職場の理解がある」と答えた人の職場では、「柔軟な働き方制度」や「診療窓口の充実」など、サポート制度の導入率が高い**ことがわかりました（DATA 21）。

また**「職場の理解がある」人は、そうでない人に比べ、男女を問わず上司・同僚からの配慮・サポートを受けている人が多い**ことがわかりました（DATA 22）。そして**「今の職場が好き」**（DATA 23）、別の質問では**「ずっと働き続けたい」と答える比率も高い**ことも明らかになっています。研修で職場全体が生理についての理解を深めるなど、**企業が制度を整備すると、「職場の理解がある」という評価につながり、人材の定着率向上など好循環が生まれる**ようです。

DATA 21　「職場の理解がある」とサポート制度の充実は相関関係に

Q：職場にある、生理による不調がある女性をサポートする制度は？
（複数回答）（フリーランスを除く）

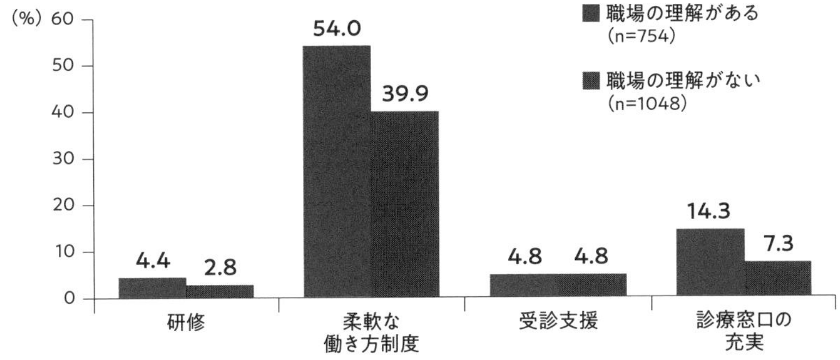

DATA 22　「理解がある」職場では男性上司も頼りに

Q:生理による不快な症状で困ったときに
相談できる人や配慮したりサポートしてくれる人は?
(複数回答)(n=1893、フリーランスを除く)

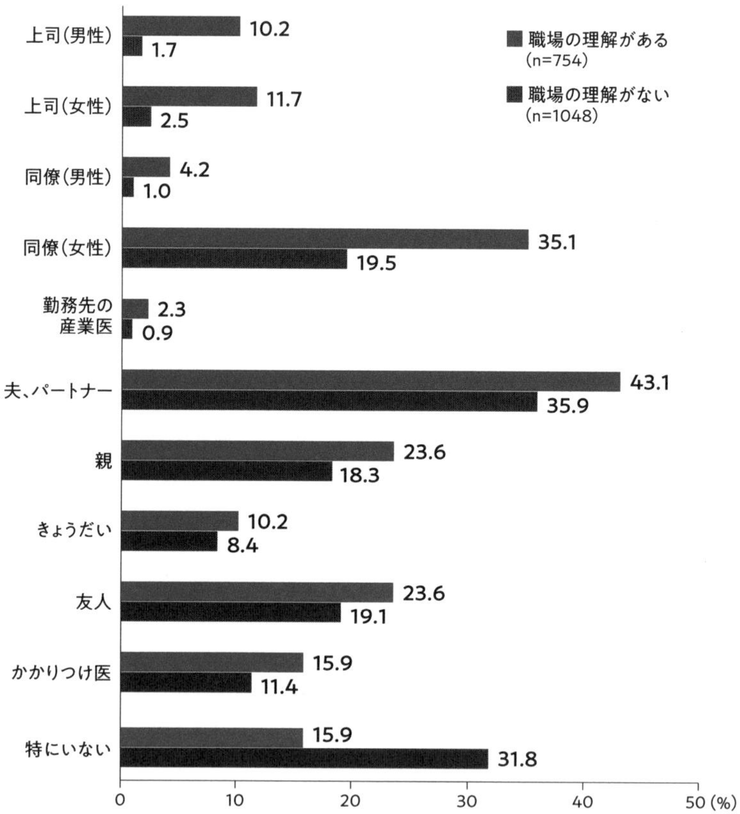

DATA 23　「理解がある」職場ではロイヤルティーもアップ

Q：今の会社／職場が好き?

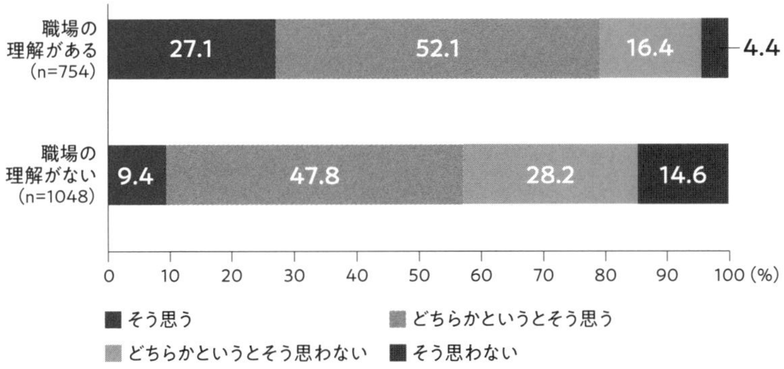

Point

- ☑ **生理関連の不快な症状を抱える人に「理解がない」職場が半数以上**
- ☑ **「理解がある」職場では制度が充実しており、上司・同僚のサポートも多い**
- ☑ **「理解がある」職場の人は会社への愛着心が高く、モチベーションアップや離職防止につながると考えられる**

HURDLE

07 生理をめぐる壁 7/7

婦人科受診・治療を避けることがキャリアアップを阻む可能性も

生理に伴う不快な症状に対して、婦人科では低用量ピル（LEP、176ページQ10参照）や黄体ホルモンなどのホルモン剤、鎮痛剤、漢方薬、そして精神症状に使う抗うつ薬などの向精神薬を使った治療が行われます。

「働く女性調査2021」の結果、最も多く使われているのは**低用量ピルで、この薬を処方された人の27.1%は症状が出なくなった（5段階で最高の5点）と答え、次点の4点を選んだ44.9%の人を足すと、7割以上の人が症状の軽減を実感**していることもわかりました（DATA 24）。

「働く女性調査2021」では、治療を受けて症状を抑えることができていると答えた人は、全体の5%にとどまりました（22ページ DATA 07）。ただし、この5%の人たちは、**症状が強いのに我慢している人と比べ、「昇格・昇進試験」や「海外赴任」への意欲が約2倍**であることがわかりました（DATA 25）。

DATA 24　低用量ピルによって不快な症状がほぼ出なくなった人が約7割

Q：薬を使うことによる症状の変化を5点満点で評価すると？
（受診・薬の処方経験がある人ベース）

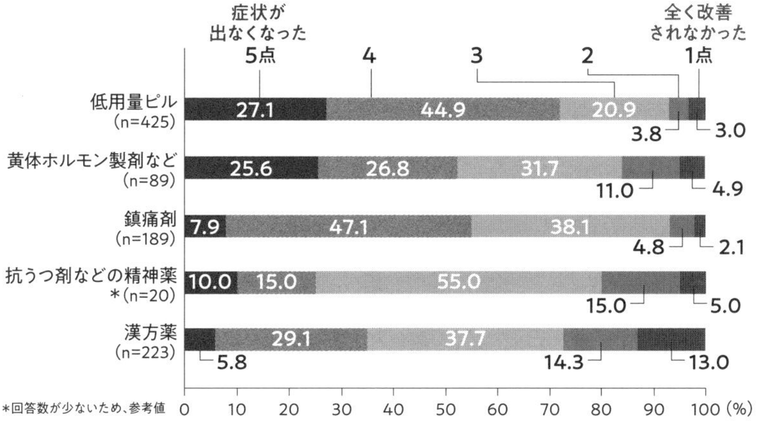

さらに、複数の人が関わるプロジェクトで**リーダーを務めた経験も、治療して症状が軽減している人のほうが11.5ポイント高い**という結果になっています（DATA 26）。**つらい症状が軽くなったことで、キャリアアップに前向きになり、やりたいことに挑戦できていると考えられます。**

また、ずっと働き続けたいと思うかどうかについて聞いた質問で、「そう思う」と答えた人は、治療して症状が軽減している人では64.0

DATA 25　治療している人は、昇格試験や海外赴任への意欲が約2倍

Q:不快な症状が改善したら、チャレンジしたいと思う仕事（治療で軽減した人は、症状が軽くなった後に取り組んだこと）は?（複数回答）

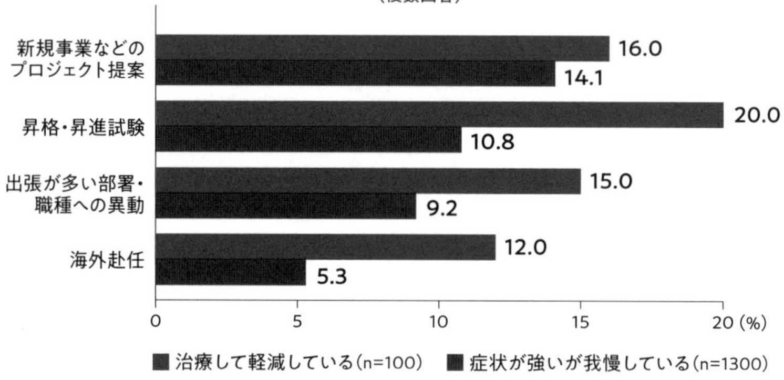

DATA 26　プロジェクトリーダーとして活躍する人も多い

Q:複数人のチームでのプロジェクトマネージャー／リーダーの経験率は?

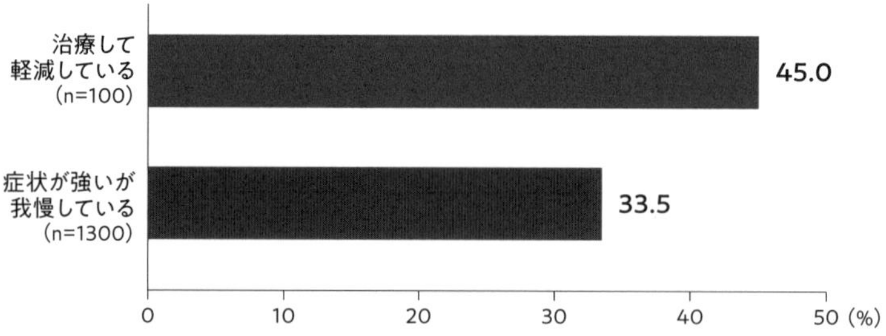

%、我慢している人では50.5%と、**継続勤務意向に10ポイント以上の差が出ました**（DATA 27）。

生理関連の不快な症状をセルフケアや治療などで改善できるかどうかが、前向きに働く気持ちを持つこと、長く働き続けることの一つのキーポイントになりそうです。

多くの企業で機能不全に陥ってしまっている生理休暇を何とか取得し、毎月、休みを寝て過ごすというのは女性の権利ではありますが、**生理休暇を婦人科の受診にあてるなど、いい状態をつくるために活用**すれば前向きな解決策になるといえます。

DATA 27　継続勤務意向にも大きな差が

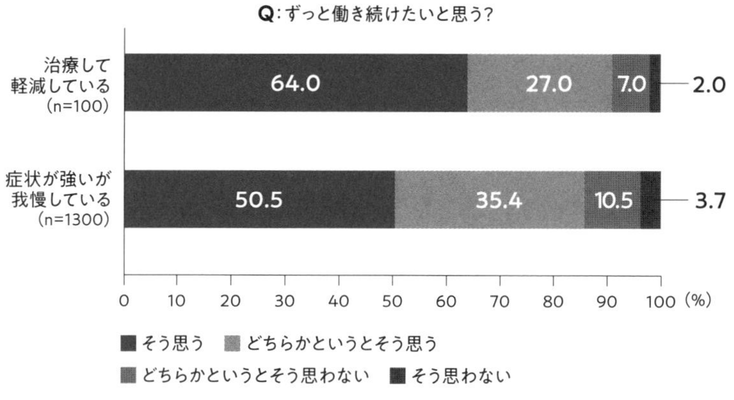

実際、働く女性たちも、治療が必要だと感じているようです。**「現在ない制度で、職場にあってほしいもの」のトップは「婦人科受診費用の補助」（33.4%）、次が「低用量ピル・漢方薬などの服薬支援」（30.4%）**でした（DATA 28）。会社の支援によって経済的な負担が軽減すれば、受診者は増え、それによって体調が改善する人も増える可能性は大いにあります。

DATA 28　働く女性は「治療補助」と「研修」を求めている

Q：現在職場にない制度で、職場にあってほしいものは？
（複数回答）（n=1893、フリーランスを除く）

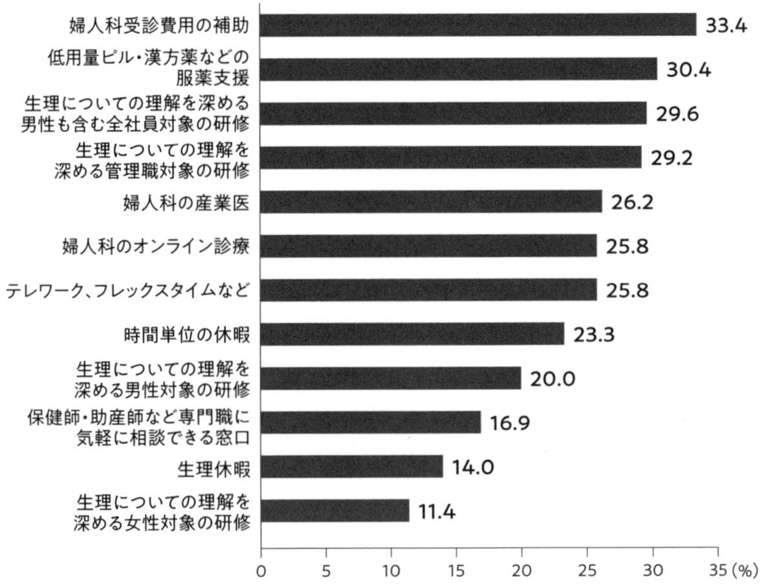

またそれに次いで、「生理についての理解を深める男性も含む全社員対象の研修」(29.6%)、「生理についての理解を深める管理職対象の研修」(29.2 %)が続き、**女性本人だけでなく男性や管理職も含めた、会社全体で女性の健康課題についての知識を深めてほしい**という意識がうかがえました。

女性たちは**受診・服薬支援と、会社全体でヘルスリテラシーを上げる研修を求めている**のです。

「休んで迷惑をかけたくない」という声があるように、男女が同じように働き活躍することが期待される中、女性だけが毎月、生理休暇を取り続けることは非常に困難です。**「生理休暇を使わなくても済む」対策を整備する、受診や治療を促して症状が軽減した人を増やすことが、女性が前向きに活躍し続けていくために重要であり、本当のウェルビーイング経営である**といえそうです。

Point

- ☑ **生理関連の不調を「治療して軽減した」人は、仕事でのチャレンジ意欲や継続勤務意向が高い**
- ☑ **働く女性が職場に求める制度は「婦人科受診費用の補助」「低用量ピルの服薬支援」「生理についての理解を深める全社員対象の研修」**

働く女性が男性上司・女性上司に感じている「リアルな壁」とは

「働く女性調査2021」では、生理の不快な症状と仕事の両立に悩む女性たちから多くのフリーコメントが寄せられました。本項では、女性活躍推進を左右する生理の問題について、男性の上司・同僚、そして女性の上司・同僚はどのような対応を求められているのか、働く女性のリアルな声の一部をご紹介します。

※コメントは一部を抜粋、漢字や表現を一部変更しています。

男性の上司・同僚に対して思うこと
～「生理についての知識不足」がハラスメントを招く場合も～

●重要な会議や客先対応があるためつらくても代替がきかず休めなかったり、**長時間の会議や打ち合わせだと大量出血で椅子を汚してしまう**こともある。困っていても相談できないので、特に男性上司の理解があると良いと思う。（40代/営業・顧客サポート）

●現在の上司（男性）は、**生理など女性特有の「面倒な」ことが発生すると、平気で「男性だけ雇えばよい」と発言**します。**生**

理について主張することで、特に年配男性からの働く女性に対する心象の悪化は避けられず、それが直属の上司の場合に自身への影響が大きいことが懸念です。そのため、生理休暇取得の申請にも大きな壁があります。（40代/情報システム）

●生理にまつわることだけでなく、女性特有の病気、男性であっても自身の健康面や家族の育児・介護のことを申告しやすくなればいいと思います。みんながみんな、365日健康で心配事は何にもなしなわけはない。**休暇届のスタンプラリーはやめてほしい。知られない権利も欲しい。「子宮筋腫？ ○○君の奥さんも去年手術して･･･」とか、男性しかいない部署で言われたくない……。**（30代/企画・調査・マーケティング）

●**男性管理職や男性社員の、生理の知識はとても乏しい**です。自発的に理解しようとする人も稀だと思います。 逆に、男性側から女性社員を気遣うことも、セクハラやパワハラとの境が曖昧で難しいのだろうと思います。 **企業規模を問わず、知識習得の勉強会、相談窓口の設定など、制度の制定でうまく運用できるように、国が推進してくれるといい**なと思います。（30代/企画・調査・マーケティング）

●**生理休暇の取得率が低いため、「女子生理休暇」⇒「女性特別**

休暇」と名称を変更したが、古い考えの男性が多いため「女は良いなぁ（60歳オーバー男性）」と言われたり、50歳オーバー女性が生理休暇を取得しようとした際「え？ あの人まだ生理あるん？（総務部男性課長）」と言われたり……男性に（少なくとも管理職には）理解してもらえる環境の整備が必要。（40代/一般事務）

●**男性を含め、全社員必須で研修して欲しい。今後、人口減少が進み、あらゆる人が活躍できる社会にするためには避けられない問題**だと思う。（20代/コンサルタント、アナリスト）

●女性の従業員割合は多いが、役職者はほとんど男性の上場企業に勤めています。**上の人たちが生理について知識も関心もないので何か提案しても暖簾に腕押し**です。トイレに生理用ナプキンの自販機を設置してほしいと提案すれば、誰が管理するんだと言われ。ジュースの自販機はそこら中にありますけど、総務部で管理してるんですよね。ナプキンの自販機はダメみたいです。じゃあ医薬品と一緒に総務部に置けませんかと聞けば「恥ずかしいから誰も取りに来ないと思う」という（想像上の）理由で却下。私は事務系なので適当に中抜けして買いに行けますが、シフト制で工場に入ってる人は、近くにお店もなくて、作業着を脱いでエアシャワーを浴びないと外に出られない（それだけで昼休みが終わってしまう)のにな……と思いますが、あまりにも話にならないので、もうやめました。(30代/企画・調査・マーケティング)

女性の上司・同僚に対して思うこと
~味方のはずが「女性の敵は女性」という人も。会社による研修を求める声が多数~

●**50代近い一部の女性の意識改革からかと思います。自分が軽い、乗り越えた、喉元を過ぎていると、他人の体に対してあまりに冷たい人が多い。**男性からははれ物扱いや、そもそも無知識ゆえに怖いという状態が実情かと。新人研修や管理職研修に、ハラスメント研修と同レベルで入れてもいいと思います。(40代/編集・編成・制作)

●**女性の敵は女性とはよく言ったもので、普段生理痛がない女性のほうが男性社員よりもよほど理解に乏しく冷たい。**生理休暇制度はありますが、上司が男性ばかりのため取得している社員はゼロ。無給扱いになるし、言いだしにくいし、あってないような制度です。普段は症状が重い日は動けなくなるため有給休暇で休むようにしていますが、今回コロナ禍で在宅ワークになった際は湯たんぽを抱いて仕事をすることができました。そんな格好で出社勤務するわけにはいかないので、在宅ワークが普及すれば働きやすくなると思い、在宅ワークの定着を切に願っています。 健康な女性であれば生理は毎月来るものです。1日3食、食事をとることと同じくらい、生きている限り当たり前に来る体調不良です。**有給休暇をそんなことのために消費させられている現実が悔しいし、男性は自分の好きなことのために使える休みを、女性は好きなことのために使うことができないのは不平等だと思います。**（30代/設計）

●男性は生理についてはわからないから特に詮索したり、追及することなく休暇を受諾してくれるけれど、逆に**女性のほうが理解が少ないと思います。特に生理症状が軽度でPMSもない人のほうが管理職についていることが多く（というかそうでないと管理職になれない）、自分が経験したことがないから「生理くらいで休むの？ 私なんか・・・」と、自分の物差しで受け入れてくれないことが多いです。**妊娠中のつわりも同じです。女性管理職への研修に力を入れるべきだと思います。（30代/一般事務）

第 2 章

フェムテック注目事例

女性特有の
壁に挑む
6つのフェムテック

女性活躍推進と
フェムテックブームは表裏一体

第1章で見てきたように、日本社会で女性が前向きに活躍するのを阻んでいる壁は、女性特有の不調や疾患の症状そのものだけではなく、サポート体制の不備やヘルスリテラシー不足、思い込み・諦めといった心理的な障壁、格差などいくつも存在します。しかしこうした壁を社会全体で見直していこうという機運は確実に高まっており、2021年の新語・流行語大賞にノミネートされた「フェムテック」がブームになっているのもその一つの表れでしょう。

女性特有の悩みや課題を解決するフェムテックの注目度は、世界的にも大きく高まっています。フェムテックとは、Female（女性）とTechnology（テクノロジー）をかけあわせた造語で、その内訳は右ページの通り、多岐にわたっています。

今まで語ることがタブー視され、社会の中で見過ごされてきた女性ならではの問題に対して、ソリューションが大幅に増えてきているのです。

フェムテックのカテゴリー

[生理ケア] 吸水ショーツ、月経カップ、生理周期関連アプリ、オンライン婦人科診療、低用量ピル処方など

[デリケートゾーンケア] 膣トレアイテム、コスメ、サプリメントなど

[不妊・妊活ケア] サプリメント、基礎体温・生理周期管理アプリ、ホルモン検査、卵子凍結サービスなど

[妊娠・産後・更年期ケア] オンライン健康相談サービス、漢方、サプリメント、膣トレアイテムなど

[セクシャルウェルネス] 性交痛軽減アイテム、セルフプレジャーアイテムなど

フェムテックの流れの中で、新たに市場に参入するスタートアップ企業や、自社の既存技術を活かして新製品開発に取り組む企業など、新ビジネスが続々と生まれています。第2章では、社会課題解決に取り組み、女性活躍を阻むハードルを越えるために挑戦する6社のキーパーソンを紹介します。

※インタビューでは十分な距離を確保の上、写真撮影時のみマスクを外しています。

CASE 01 「生理＝嫌なこと」を変えるフェムテック Be-A Japan

日本の技術を駆使、吸水ショーツで生理のストレスとごみ削減に挑む

フェムテックブームを代表する製品として、注目を集めている「吸水ショーツ（吸収型サニタリーショーツ）」。ショーツ自体に吸収性を持たせることで、1日に何回もナプキンやタンポンを取り替える煩わしさから解放される上、洗って繰り返し使えてごみを減らせるため人気を集めています。

ユニクロなど数多くのブランドが市場に参入している中、いち早く開発を進め、機能性の高さでファンを集めている吸水ショーツがBé-A（ベア）です。

Bé-Aを販売するBe-A Japan（ベア ジャパン）は、高校時代から親友同士の髙橋くみさんと山本未奈子さんの女性2人が2020年、クラウドファンディングサイト「CAMPFIRE（キャンプファイヤー）」で、9000人以上から1億円を超える支援金を集めてスタートしました。この支援者数と支援総額は当時、CAMPFIREのビューティー・ヘルスケア部門で1位の記録だったといいます。

Be-A Japan 取締役の山本未奈子さん（撮影：齋藤暁経、以下同）

コロナ治療の最前線もサポートした、生理日の新たな選択肢

その後、発売を開始した「ベア シグネチャー ショーツ」は、2年間で累計売上げ10万枚を突破しました（2022年7月時点）。

「開発にあたって私たちが最もこだわったのは、120mlという吸収量です。最も量が多い2日目の平均経血量は30～50mlとされていますが、4人に1人がかかるといわれている子宮筋腫や、子宮内膜症によって経血量が増えてしまっている女性たちを無視できないと思いました。発売後も、横漏れを防止するテープを追加するなどリニューアルを繰り返しています。

また働く女性からは、“ナプキンを替える時間がなくて会社の椅子を汚してしまった”という声も多く、“会議続きの日など、替えのナプキンを取りに行けないとき、手ぶらでトイレに行けるのは便利”という感想をたくさんいただきました。私たちは**漏れるという心配やストレスから、女性が完全に解放されることを目指しています**」(Be-A Japan 取締役の山本未奈子さん、以下、断りのない限り「」内は山本さん)

Be-A Japanでは医療現場で働く女性たちを支援するため、吸水ショーツの寄贈活動も行っており、医療従事者や団体、また障害者施設への寄贈は3700枚以上に及びます(2022年5月時点)。

「新型コロナウイルスの治療にあたる医療従事者の女性たちは、何重もの防護服に身を包んでいるため、**頻繁にトイレに行きナプキンを替えるのが難しい**状況にありました。またユニフォーム自体、白や薄い色が多いため、長時間の手術の際など経血漏れが気になっていたという方も多く、たくさんの感謝の声をいただいています」

ジュニアラインも開発、
「40年間続く嫌なこと」を変える

2021年にはジュニアラインの「ベア ペティート シグネチャー ショーツ」の販売も開始しました。これもユーザーからの要望に応え、開発を急いだものだといいます。

「娘にもはかせたい、という声をたくさんいただきました。自社調

再生紙を使ったシンプルなパッケージのベア ペティート シグネチャー ショーツ

査によると、生理にまだ慣れていない**小・中学生は、トイレに生理用品を持って行ったり、ナプキンのシートを剥がす音を友人に聞かれたりすることを恥ずかしく感じており、“ナプキンの交換が嫌だ”と答える子どもが8割を超える**という結果が出ました。今も昔も何も状況が変わっていないのだと感じずにはいられませんでした。

その結果、下着や服を汚してしまい、さらに落ち込んでしまうこともあるでしょう。こうした**子どもたちの悩みを解決し、“生理＝40年間続く憂鬱なもの”という認識を変えていきたい**と思っています」

ジュニアラインでは、量や吸収位置を確認できるよう、吸収帯は黒ではなくあえて薄いグレーの生地を採用したといいます。これは自分の身体について、きちんと学んでほしいという願いが込められています。

「生理についてオープンに話すのは恥ずかしいという風潮が、まだ日本にはあります。男の先生だけでなく、父親や兄弟にも生理のことを知られるのが恥ずかしいという声も聞きました。性教育も不十分で、男子は生理について学ぶ機会が少ない。**男女の身体の違いを知り、それによってどんな負担が生じるか、男女を差別するのではなく、“性差”についての理解をもっと深めるべきだと思います**。そのため、**Be-A Japanでは親子や学生に向け、生理について学ぶセミ**

ナーを開催するという活動も始めました」

「生涯で1万2000枚分の
プラスチックごみ」の削減も

「吸水ショーツは新しい選択肢なので、まだまだ批判が多いです。同じショーツを1日中はいて蒸れないのか、気持ち悪くないのかといった声や、洗濯が面倒だという声も聞かれます。けれど、私たちは2年以上、試行錯誤して開発を進めてきた中で、抗菌・防臭機能と、洗濯のしやすさにもこだわってきました」

開発のきっかけは、CEOの髙橋くみさんが、アメリカで吸水ショーツを購入してきたことでした。

「これは素晴らしい、と試してみたのですが、すぐに横漏れするし、生地の劣化も激しい。これでは納得できない、自分たちでつくってみよう、ということになりました」

コンセプトを固め、生産する工場を探して20社あまりに声をかけたが、返事があったのは半数程度。実際に話を進めると「技術的に難しい」「**そんな製品、どうせ売れるわけがない**」と、ことごとく断られたといいます。

「日本の縫製技術は世界一といっていいと思いますが、私たちが求める吸水量をショーツで実現することはハードルが高かったようです。最終的には、尿漏れ用ショーツの生産技術を持つ工場のみが引き受けてくれました。ただ尿漏れ用とは異なる点も多く、途中、何度も暗礁に乗り上げそうになりましたが、120mlという吸水量もなんとか実現しました。5層構造で、吸水体の部分は職人さんがひとつひとつ手づくりしています」

腹部には、テラヘルツ波を放出する鉱石を砕いてプリントした生地を採用しています。テラヘルツ波とは、毎秒1兆(テラ)回振動する電磁波で、遠赤外線よりも物質への浸透性が高いといいます。生地を二枚重ねにしているのも、腹部をじんわりと温めて冷えを防ぐための工夫です。

「普通の下着の3倍以上の製造工程があります。それが価格を押し上げているのは事実ですが、しっかりとつくられているので、安心して長く使えます。また、プラスチックごみを削減できるのもメリットです。**生理用ナプキンは80%以上が吸水ポリマーのため、ナプキン1個がビニール袋約1枚に換算されるプラスチック製品です。女性は生涯で1万2000枚のナプキンを使用するといわれていますが、その量を減らすことは、プラスチックごみの削減にも貢献できます**」

性の悩みを解決する製品で世の中を変えていきたい

ボクサータイプのデザインにもこだわったといいます。無駄な装飾は省き、シンプルで安心感があることを第一に考えたことで、**ナプキンを買いに行くのに抵抗があったセクシャルマイノリティーの人から、感謝の声**が寄せられました。

「性の問題でコンプレックスを抱えていて、誰にも相談できないと悩んでいる人はたくさんいます。それを解決できる製品を世の中に送り出していきたい。フェムテックという言葉は急速に広がりを見せ、**2025年までに5兆円市場**になるという試算も出ていますが、私自身はそんな言葉が必要ない、**女性の身体的な課題が当たり前に解決される世の中になればいい**と思っています。

ただ現状では女性のほうが、身体的な問題を無意識のうちに諦めていることが多いのではないでしょうか。それをひとつひとつ拾い上げ、**女性がもっと生きやすくなる製品をつくり出す**ことで、世の中を変えていければいいですね」

そんな思いを込め、ブランド名のBe-Aは「Girls be ambitious」から名付けたといいます。

「これも、いずれはGirlsという限定を外せればいいと思いますが、まずは女性にフォーカスして行動していきたい。既成概念はなかなか変えられないと思いがちだけれど、**5年前の非常識が今の常識になっていることって、結構あるのではないでしょうか。自分たちが行動に移すことで、時代は徐々に変わると思っています**」

進化した吸水ショーツで疾患の早期発見にも貢献したい

2022年6月、Be-A Japanはウエアラブル IoTを開発するミツフジと「経血量を計測できる吸水ショーツ」の共同開発を発表しました。プロジェクトの実用化に向け、Be-A Japanは福島県に支店を設立、同じく福島にイノベーションラボを持つミツフジと、福島県川俣町で三者協定を締結しています。

「**サニタリーアイテムがほぼ60年間、進化してこなかった**中、吸水ショーツが登場したことで大きな支持を得、Bé-Aは、この**2年間で10万枚の売上げを達成**しました。

私たちが起業した当時は、複数のテレビ局の方に"**地上波では生理の話題は放送できない**"と言われていましたが、この2年で状況はかなり変わったと思います。現在では“吸水ショーツ戦国時代”といわれるほど各社の参入が相次いでおり、メディアで特集されることも増えました。

その中で私たちは一歩進め、**正確かつ継続的に経血量を測ることができる吸水ショーツの開発に取り組みます。晩婚化や少子化により、女性が一生の中で経験する生理の回数が大幅に増えている今、女性の体調管理にも大きく役立つはずです**」（Be-A Japan 代表取締役CEOの髙橋くみさん）

一般的な経血量は1日約30～50mlとされており、ストレスやダイエットなどでホルモンバランスが乱れると過少月経、子宮筋腫や子宮内膜症などによって過多月経になりますが、その判断のベースと

Be-A Japan 代表取締役CEOの髙橋くみさん（画像提供：Be-A Japan）

なる経血量がどれくらいか、他人と比べて多いのか少ないのかを、感覚で把握するのは困難です。経血量を正確に計測したデータ自体も実は少なく、日本では約180人の使用済みナプキンを測定した15年前のデータが最新だといいます。

Be-A Japanとミツフジが取り組む経血量を計測するショーツは、**「生理＝嫌なこと」というイメージを変えるだけでなく、女性の健康状態の新たなバロメーターの一つになり得る**かもしれません。

Point

- ☑ **高い吸収量の吸水ショーツを開発、医療従事者など頻繁にトイレに行きナプキンを替えるのが難しい女性をサポート。「漏れる・汚す」悩みからの解放を目指す**
- ☑ **女性が一生の間で使うといわれるナプキン1万2000枚分のプラスチックごみを削減することで環境問題にも貢献**
- ☑ **男女の身体の違いや“性差”についてのリテラシーを高めるため、親子や学生に向けてセミナーを開催。経血量を計測する吸水ショーツの開発にも取り組む**

“百貨店の顔”1階で
過去最大規模の
フェムテックイベントを開催

2022年7月20日から8月2日まで、伊勢丹新宿店 本館1階でフェムテック製品を一堂に揃えたイベント「センシュアル・ライフ～自分らしさにつながるフェムテック～」が開催されました。イベントのキュレーターを務めたのは、フランスのパリ第13大学でフィトテラピー（植物療法）とセクソロジー（性科学）を学んだ、植物研究家の森田敦子さん（78ページ参照）。日本でいち早くデリケートゾーンのケアを提唱、20年にわたって啓発活動を行ってきた、フェムケアの第一人者です。

伊勢丹新宿店で2年間に4回の
フェムテックイベントを開催、
初のセクシャルアイテム販売もクレームは0件

森田さんの活動に賛同した伊勢丹新宿店は、2021年3月に共催でイベントを行い、4回目となる今回は過去最大規模となる60ブランドが参加、約200のフェムテック関連アイテムが揃いました。商品

2021年3月に伊勢丹新宿店本館１階で行われた「センシュアル・ライフ〜わたしと向き合い、あなたとつながるフェムテック〜」の会場（撮影：齋藤暁経）

の内訳は、デリケートゾーンを洗う・潤すケア製品、吸水ショーツなどのサニタリーアイテム、膣トレ、冷え対策のための温活デバイス、プレジャーテックなどで、店内ではそれぞれを実際に手に取り、試すことができます。

「伊勢丹新宿店では、生理用品やデリケートゾーンケア製品については、本館地下2階のビューティアポセカリーなどで取り扱ってきましたが、バイブレーターなどのセルフプレジャーアイテムの本館1階での販売は、2021年に行われたフェムテックイベントが最初でした。しかも人通りが多く、注目度の高い場所での販売は初めてだったので、正直、**お客様からマイナスの反響があるかもしれないと危惧**していました」と伊勢丹新宿店の婦人肌着アシスタントバイヤー、上西真由子さんは語ります。

「でも**蓋を開けてみると、クレームやお叱りの言葉は1件もなく、むしろ喜びの声が数多く届きました。吸水ショーツを使ったら便利で驚いたとか、膣トレを友人と一緒に始めようと思う、といった反響**です。

　また“伊勢丹で扱っているバイブレーターなら安心”というお客様

伊勢丹新宿店の婦人肌着アシスタントバイヤー 上西真由子さん(撮影:齋藤暁経)

もいらして、**女性がより快適に過ごすための新しい健康家電**のようなイメージで、私たちもご提案させていただきました」（上西さん、以下「」内はすべて上西さん）

フェムテックイベントでは会場のデザインにも工夫しているといいます。

「2021年3月のイベントでは、時期的に密になることや、興味本位の男性が入ってくるのを避けたいということもあり、会場の一部に低い壁を設け、入口でQRコードを読み取り、簡単なアンケートに回答した上で入っていただく形にしました。ただしクローズドにしすぎると、怪しげな雰囲気になってしまうおそれもあるので、明るくオープンなイメージをつくりたいと思い、外からも様子がわかるように設計しました」

そして約1年半後となる第4回のイベントでは、通路からの仕切りをなくし、さらに開放的な会場デザインになりました。ここ2年ほどでフェムテックの知名度が急速に上がり、女性が気軽に製品に触れ、試せる雰囲気が高まったことが影響しているようです。

来場者は30代を中心に、50代以上まで幅広いといいます。

2022年7月に同会場で行われたフェムテックイベントの会場。通常の売り場と同様、オープンな設計に（画像提供：伊勢丹新宿店）

「フェムテックアイテムを初めて購入されるという方は、デリケートゾーンケアや、吸水ショーツなどサニタリー用品への興味が高いです。**“髪にはシャンプー、顔にはフェイスウォッシュ、体にはボディウォッシュ”と使い分けるのと同様、デリケートゾーンも別のケアをすべき**という考え方が浸透してきています。また**月経カップや吸水ショーツは、生理用ナプキンによるかぶれや不快感がある人にニーズがあるほか、ごみの削減や災害対策としても注目**されています」

第4回のイベントでは、今まで好評だった吸水ショーツとプレジャーテックはコーナーを拡大し、日本初の女性用セルフプレジャーアイテムブランド「iroha」の新製品など、先行発売アイテムも揃えました。

また、骨盤底筋の緩みや尿漏れなどGSM（179ページ参照）関連の悩みを抱える女性も多く、最新の膣トレアイテムも注目を集めました。下の写真の右側の製品は、スマホのアプリと連動し、**膣トレ中の圧力の状態をスマホ画面に表示、膣圧でキャラクターを動かすゲーム**

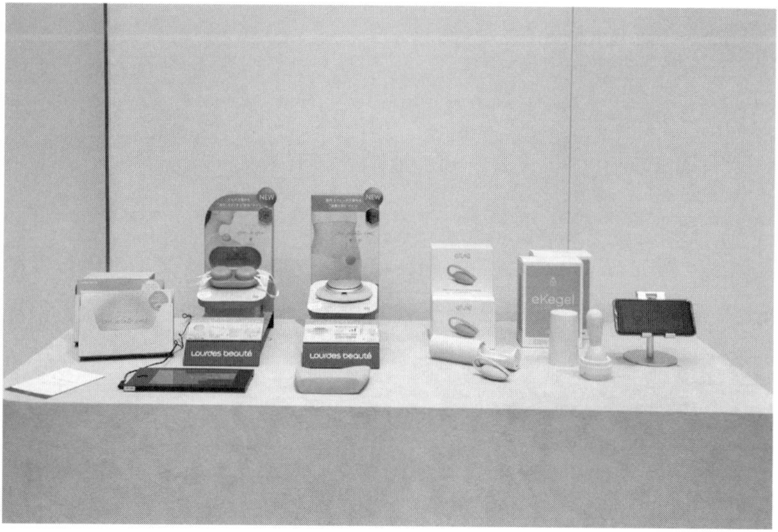

Bluetoothでスマホと連動する膣トレや温活デバイスなど、会場内で販売されたフェムテック製品（撮影：谷下田望）

をしながらのトレーニングや、トリートメントができるという骨盤底筋サポートアイテムです。こうした海外製品を含む幅広いラインナップについて、専門知識を有する女性販売員が使い方を丁寧に説明する中、来場客は直接製品を手に取り、他の売り場と同じように熱心に製品を選んでいるのが印象的でした。

Point

- ☑ **顧客のニーズは変化する。前例にとらわれず、フェムテックなどの新ジャンルにも前向きにトライすることで顧客満足度が高まり、新たなニーズが生まれる**
- ☑ **生理の問題やセルフプレジャーなど、今までタブー視されてきたジャンルや固定概念に向き合う勇気を**

人生100年時代だからこそ「女性であることが幸せ」と感じられる社会へ

2021年から伊勢丹新宿店で、自身がキュレーターを務め、フェムテックイベントを行っている植物研究家でサンルイ・インターナショナル／Waphyto（ワフィト）代表の森田敦子さん。三越伊勢丹グループの他の店舗でも実施するようになり、2022年2月上旬には地方店舗では初となる、新潟伊勢丹でイベントを開催しました。

「地方で開催するのは初めてで、“フェムテック”という言葉自体の認知度も低かったため、開始前は危惧していたのですが、実際には驚くほど高い反響が得られました。1週間の会期中に何度も訪れる方、“長い間、人に言えなかった悩みを解消できた”とセミナーで涙される方もいました。

デリケートゾーンも顔と同じように“洗う・潤す・保護する”の3ステップでケアすれば、加齢や乾燥による痛みや不快感を防げるといった、セルフケアの重要性についての関心が高かったように思います。**フェムテックは都心の一過性ブームなのではなく、地方でも**

植物研究家、サンルイ・インターナッショナル／Waphyto代表の森田敦子さん
（撮影：谷下田望、以下同）

広がりつつあることを強く感じました」（森田さん、以下「」内はすべて森田さん）

そして2月下旬には伊勢丹新宿店 本館3階のプロモーションスペースで幅広いラインナップのイベントを行い、3月には日本橋三越本店でも初開催しました。

「日本橋三越本店は顧客の年齢層が高く、更年期やそれ以降のケアについての注目度が高かったです。そしてさらに3月末には伊勢丹

新宿店 本館6階の子供服売り場で、“親から子供へ伝える大事なカラダのこと”をテーマにイベントを行いました。このときは子どもの性教育のためのセミナーやワークショップ、産前産後のママをケアするセミナー、また初潮を迎える娘を持つママパパのためのリーフレットなども用意しました。

子どもの性教育から生理、不妊や妊娠・出産、更年期やそれ以降と、世代によって異なるテーマや悩みがあり、人生100年時代のライフステージそれぞれでフェムケアが必要なのです」

森田さんは航空会社で客室乗務員をしていた20代の頃、アトピー性皮膚炎が悪化するなど体調を崩し、試行錯誤する中で植物療法と出合い、パリ第13大学に留学してフィトテラピー（植物療法）やセクソロジー（性科学）を学びました。帰国後に化粧品のOEMに携わった後、自身のブランド「Waphyto（ワフィト）」を立ち上げます。

「ブランド名を“和”と“Phyto（植物）”の造語にした通り、国産のハーブを使用することにこだわっており、実は今日も三河の生産者さんの畑に行ってきました。実際に自分の目で確かめ、生産者さんと会ってハーブを選んでいます」

Waphytoではフェイスケアに加えてデリケートゾーンケアアイテ

ムも揃えており、販売個数ではデリケートゾーンケアが上回っているといいます。

「今年（2022年）、医療法人社団 八千代会とMesoins（メソワン）という、介護される方のQOLを上げることを目指した新しいコスメを発表しましたが、私は八千代会の**医療の現場に13年間携わってきた中でも、デリケートゾーンケアの重要性を感じてきました。**

いわゆる寝たきりの状態になった方が、一日に何度も排泄物の処理をされることを、つらく感じていらっしゃるのを目の当たりにするんですね。アンダーヘアを処理していないことで排泄物がこびりついてしまい、こすったり剥がしたりして落とすことが重なると、かゆみや痛みにつながってしまう。そんなご自分の状態に向き合うのが嫌で、一種の防衛本能のように認知症が進んでしまう例もありました」

そして森田さんに寄せられる顧客からの声では、セクシャルウェルネスについての悩みが最も多いといいます。

「私がセミナーで約200人の**受講者に対して性交痛について聞いたところ、30代から80代までほぼ全員の女性が、経験している**と手を挙げたことがあります。『潤うからだ』という本を出版したときやインスタグラムのメッセージでも、こうした悩みについて数多くの

声をいただいています。

痛みを我慢するうちにパートナーシップがうまくいかなくなり、孤独を感じている女性はたくさんいます。本来、性欲があるのは素晴らしいことなのに、女性であることを嫌だと感じてしまうというのは、国や社会にとっても大きな課題だと思うのです。

フィトテラピーやフェムテックの新しい製品、技術を活用して自分を慈しみケアすれば、QOLは大きく変わります。私は、フェムケアは幸せのためのケアだと考えています」

Point

- ☑ **個人や世代で異なる課題に向き合い、フェムテックを人生100年時代のパートナーに**
- ☑ **デリケートゾーンケアやセクシャルウェルネスに向き合うことで人生が豊かに**

女性だけが負担する
不均衡を解消し
「生理の貧困」に挑む

女性用の個室トイレに生理用ナプキンを常備し、無料で提供するサービスOiTr（オイテル）。区役所や図書館などの公共施設をはじめ、慶應義塾大学などの学校や、ポーラ（143ページ参照）など企業のオフィス、ららぽーとやパルコの一部など商業施設で導入が進んでいます。

サービスを本格開始した2021年8月末からわずか1年間で、設置場所は全国167施設、2172台になりました（2022年7月時点）。

利用者は、個室トイレ内のQRコードをスマートフォンで読み取り、OiTrの無料アプリをダウンロードして起動し、ディスペンサーにスマートフォンをかざせば、デジタルサイネージに表示された広告動画の広告費により、生理用ナプキン1枚を無料で手に入れることができます（85ページ写真参照、初回1枚目はユーザー登録不要）。

なぜトイレットペーパーのように、生理用品は常備されないのか

このサービスを立ち上げるきっかけになったのは「トイレにトイレットペーパーは常備されているのに、なぜ生理用ナプキンはないの？」という女性の疑問を耳にしたことだったと、OiTr 専務取締役COO の飯﨑俊彦さんは話します。

「トイレの個室にはトイレットペーパーだけでなく、ウォッシュレットや、子どもがいる人のためのベビーチェアスタンド、お年寄りや障がいがある人のための手すり、さらに便座除菌クリーナーも用意されていることがありますが、**女性が約40年間も利用する生理用品は常備されていません**。生理用品は、本来トイレにあるべき大切な一つ、という意味を込めて“One in The restroom”の頭文字を取り、OiTrと名付けたサービスを2021年にスタートさせました」（飯﨑さん、以下「」内はすべて飯﨑さん）

スコットランドでは2022年8月から、自治体や教育機関が生理用品を無償で提供する法律が施行されました。しかし日本では、生理用品に消費税の軽減税率すら適用されていないのが現状です。

「**女性は生涯で約40年生理があり、その間、ナプキンなどの生理用品を購入するために約53万円を負担**する計算になり(※)、さらに医薬品や通院費も考えると決して小さくない金額です。

しかし**日本では生理用品の無償提供どころか、消費税の軽減税率も適用されていません。生理用品は女性にとって生活必需品であり、ぜいたく品ではありません。それなのに約40年も、男性より多く消費税を負担し続けなくてはならないというのはおかしい。**このジェンダーギャップを何とかできないかと考えたのです」

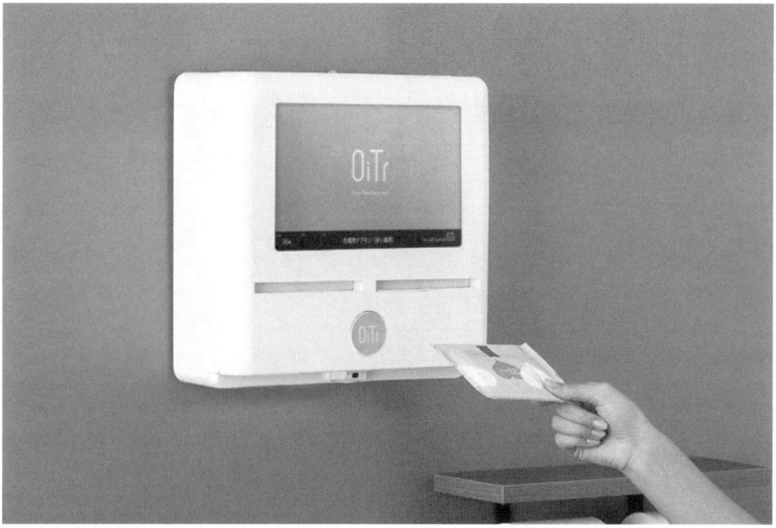

個室トイレ壁面に設置するOiTrのディスペンサー。デジタルサイネージに無音声の動画広告を配信し、その収益によって生理用ナプキンを無料提供する(画像提供:OiTr、以下同)

※:12歳から50歳まで1カ月に1回、生涯で456回生理があった場合、生理用ナプキン1枚20円×1日当たり5枚×7日間、生理用タンポン1本30円×1日当たり5本×2日間、下着1枚1000円×1年当たり2枚購入すると53万1800円。

「働く女性は増えていますが、男性と比べて非正規雇用者が多く、賃金格差もあります。私たちは、生理用ナプキンを無料で提供することで、**生理がある女性の負担を少しでも軽くし、経済格差の是正に貢献したい**と考えました。

また、私たちは経済面だけでなく、生理用品が急に必要だと気づいたときに、**個室トイレから出ずに入手できるという、安心感を提供できる**ことも重要だと考えています。仕事の合間にナプキンを取りに机に戻ったり、急いで買いに行ったり、ナプキンを持ち運ぶといった煩わしさも解消できます。生理用品を店頭で購入するのが恥ずかしいという女性は多く、こうした心理面の負担も軽減したいと考えています。

“生理の貧困”はお金の問題と捉えられがちですが、こうした困難や精神的な負担という側面も大きく、これらを解消するために環境を整えることこそが必要なのです」

生理は女性だけの問題ではない

「しかし営業をし始めた頃は、まったく耳を傾けてもらえませんでした。特に男性が担当者の場合、なかなか理解を得ることができず、同席した女性担当者は前向きでも、最終的には男性上司の意向に同調せざるを得ない状況を何度も見てきました。

利用者は2時間に1枚、25日間ごとに7枚の生理用ナプキンを無料で使用できる仕組み。スマートフォンをディスペンサーにかざし、ディスペンサーに非接触で生理用ナプキンを利用できる点も好評だという。アプリはApp Store、Google Playで事前にダウンロードすることも可能

状況が変わったのは、大手商業施設で導入が決まり、プレスリリースなどで情報が拡散し、注目されるようになってからです。そして一度導入されると、利用した女性たちから“予定外の生理で本当に助かりました”といった声が多く寄せられるようになりました。今後も持続可能なインフラとして定着させるために、私たちは挑戦していきたいと思います。

私たちは、単なるビジネスではなく、社会的に意義のある事業を

行い、社会課題を解決していきたいと考えています。**トイレットペーパーと同じようにトイレに生理用品が行き届くことで、女性が生きやすい社会を実現する。**

そして広告主は広告費を通して生理用ナプキンを無料提供でき、設置した商業施設は顧客満足度、企業であれば社員満足度を向上させることができる。**さまざまな企業が同じ価値観でつながり、生理の問題に向き合うことは、社会にとっても大きなプラス**に働くと実感しています」

Point

- ☑ 女性は生理用品に約40年間で約53万円支払い、さらに消費税を負担するという負荷がある
- ☑ 生理用品を入手する手間や煩わしさ、精神的負担も“生理の貧困”の一部
- ☑ 企業同士が同じ価値観でつながり、生理の問題に向き合えば大きな効果が期待できる

CASE 05 食べ物で女性特有の健康課題を支援するフェムテック **明治**

乳たんぱく質の新成分で生理による心と体の不調をサポート

明治は2019年、生理による不快な症状がある健康な女性を対象に、α-LA（アルファ-ラクトアルブミン）を生理周期として約1周期分の期間、毎日900㎎摂取することで、生理前や生理中のつらい症状が改善するかを調べました。

α-LAは、牛乳や母乳などに含まれる乳たんぱく質の一種で、プレーンヨーグルトの上澄みのホエイと呼ばれる黄色い液体などにも含まれています。

その結果、α-LA摂取期は、α-LAを含まないプラセボ摂取期と比べて、**月経随伴症状の強さを見る指標であるMDQ（Menstrual Distress Questionnaire）の身体的症状スコアが有意に軽減**しました（DATA A）。特に、**生理中の下腹部や腰の痛み、むくみ、集中力の低下が摂取前と比べて改善し、プラセボ摂取期と比べて首や肩などのコリ、倦怠感が軽減**しました。また、α-LA摂取によって、**生理前の倦怠感、めまい・立ちくらみ、生理中のもの忘れが有意に低下**した

DATA A　α-LAの摂取で生理中の倦怠感と下腹部痛が軽減

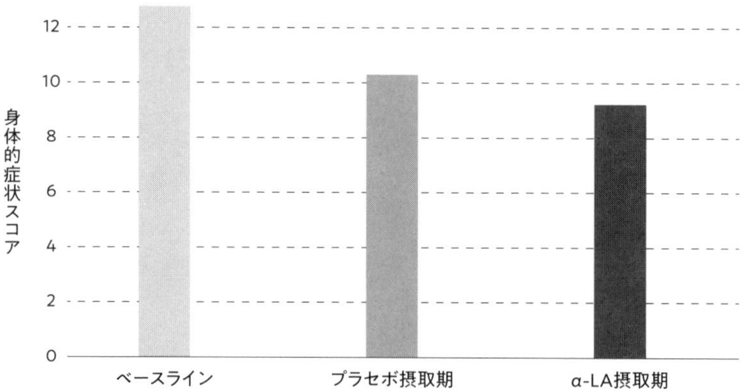

生理に伴う症状のある女性(25～39歳)55人を2群に分け、生理周期として約1周期分の期間にα-LA900mgを含むカプセルか、α-LAを含まないカプセル(プラセボ)のいずれかを摂取。1周期を開けた後、先とは異なる種類のカプセルを摂取。α-LA摂取期には、月経随伴症状を見るMDQの身体的症状スコアが低下しました。
(データ:薬理と治療 48 (8); 1409-1427, 2020)

ことも注目すべきポイントです。

実は、明治はα-LAが生理痛を軽減することを2008年に確認(DATA B)しており、これがもとになって前述の臨床研究が行われました。

「粉ミルクも扱うメーカーとして、母乳には、赤ちゃんの成長を促す他にも役立つ作用があるのではないかと探す中で、**赤ちゃんに糖質を補給するために必要なα-LAに、痛みを抑える作用がある**こと

DATA B α-LAの生理痛緩和効果

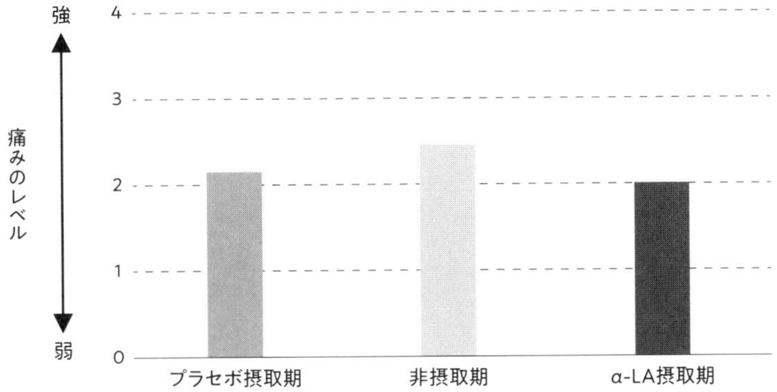

生理痛のある女性(22～50歳)30人を2群に分け、生理1周期にα-LA 900mgを含むタブレットか、α-LAを含まないタブレット(プラセボ)のいずれかを摂取。1周期を開けた後、先とは異なるタブレットを摂取。α-LA摂取期には生理痛の症状が軽くなることが明らかになりました。
(データ:薬理と治療 36(7) ;623-628, 2008)

がわかったのです。そのとき、生理痛をα-LAで改善できることを臨床試験で確かめ、その結果を学会や専門誌で発表したりしましたが、当時は商品化には至りませんでした」(明治 研究本部 研究戦略統括部 研究戦略部 研究戦略G 村上里香さん)

生理痛が軽減するのは、α-LAに痛みのもととなる生理活性物質プロスタグランジンの過剰な分泌を抑える働きがあるからです(※)。

※:Biol Pharm Bull. 2009 Mar;32(3):366-371.

プロスタグランジンは子宮を収縮させて経血を体外に押し出すために不可欠な物質ですが、過剰に分泌されると強い痛みの原因になります。

一方、オランダの研究では、α -LA強化食品でストレスが軽減したとの報告があります（DATA C）。α -LA には、メンタル面を調整するセロトニンという神経伝達物質の材料となるトリプトファンが豊富に含まれます。α -LAの摂取でセロトニンが増えれば、ストレスが

DATA C　α-LAの抗ストレス効果

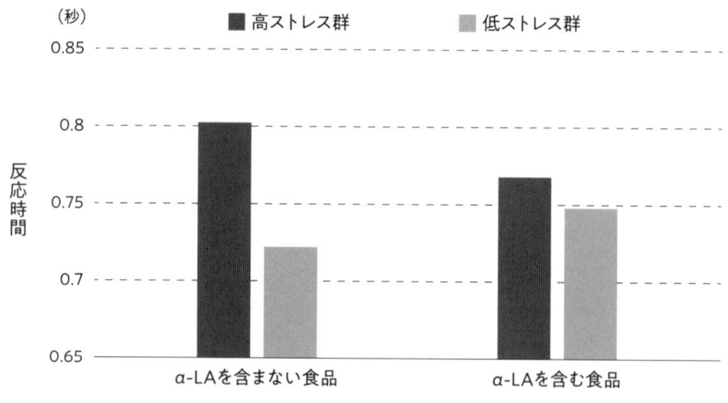

高ストレスの大学生23人と低ストレスの大学生29人がα -LAを含まない食品（プラセボ）、またはα -LAを含む食品を摂取し、認知機能テストを実施。α -LA強化食品摂取後は高ストレス群でストレスが減り、認知機能テストの反応時間が改善しました。（データ：Am J Clin Nutr. 2002 Jun;75(6):1051-1056.）

減り、心の安定にもつながる可能性があるのです。

女性特有の健康課題を支援する機運が開発を後押し

「α-LAの研究を再開したのは、2015年に国連サミットでSDGs（持続可能な開発目標）が掲げられ、女性の健康やジェンダー平等に着目する機運が高まってきたのがきっかけです。

私自身は以前から、粉ミルクで出産後のお母さんを支援するだけではなく、子どもを産むかどうかにかかわらず、未来に向けて、幅広く女性を応援するような商品開発に関われたらと考えていました。

2019年に実施した臨床試験（DATA A）で、α-LAを毎日900㎎摂取すると、生理中の身体症状が軽減するとの結果が得られたときには、本当に嬉しかったです。

α-LAは牛乳にも含まれますが、900㎎とるとしたら、200ml入るコップで4杯弱飲む必要があります。毎日とるには少し続けにくい量です。

生理が毎月あるのは健康の証と考え、不調でつらくても我慢する女性は少なくありません。その点、α-LAは食品成分なので、緩やかに和らげます。α-LAを含む食品で日々を快適に過ごせる女性が

増えてくれたら、開発者の一人として、こんなに嬉しいことはありません」（村上さん）

前向きに生きる女性たちを全力でサポートしたい

「α -LAを含む健康食品の開発は、社内で新規事業案を話し合っていたときに、たまたまメンバーが全員女性で、ほぼ全員が生理前や生理中につらい思いを抱え、１人で悩んでいたことがきっかけで始まりました。そのとき、女性同士の間では生理関連の商品の事業化を目指すべきだと大いに盛り上がったのですが、当初、社内の反応は芳しくありませんでした。

しかし、社会的な機運の高まりとともに徐々に賛同者が増え、女性特有の健康課題と食で向き合うプロジェクトを立ち上げることが決まったのです」（明治 マーケティング本部 スポーツマーケティング部 アクティブ・ビバレッジG 吉田菜々絵さん）

「また2022年5月には、女性特有の健康課題について啓発し、フェムテック・フェムケアについて考えていくサイト“Femlink Lab.（フェムリンクラボ”もスタートさせました。私たちは、価値観や選択肢が多様化し、さまざまな悩みを持ちつつ、まい進する女性たちを全力でサポートしたいとの思いで日々事業展開を考えています。

これらのプロジェクトによって、**生理痛やPMSに1人で悩むことから解放され、さまざまなことにチャレンジする女性**が増えてくれたら嬉しいです」（吉田さん）

Point

- ☑ 十数年前から重ねてきた研究で、女性特有の健康課題を支援
- ☑ 身近な食品に含まれる成分で生理をサポート
- ☑ 情報発信によるヘルスリテラシー向上に取り組む

白物家電のように
フェムテック技術が
日常生活に浸透する世の中に

生理周期や排卵日を予測する生理管理アプリが人気を集めていますが、「毎回入力するのが面倒」「つい忘れてしまう」という声も多く聞かれます。シャープが行った社内アンケートでは、生理管理アプリを使用している女性は約半数で、利用をやめてしまった人が約20%いたといいます。

また生理中は、経血量に合わせて2～4種類の生理用品を使い分ける女性が多いため、買い忘れや収納の問題といった煩わしさも発生します。そこでシャープは**「生理日の記録」と「生理用品の在庫管理」という2つの負担を解消し、さらにヘルスケアにつなげていく実証プロジェクトを始めました。**

開発しているのは、インターネットに接続しているIoTケースに生理用品をサイズ別に収納し、定期的に残量を計量することで使用状況をセンシングし、生理の開始日や終了日を自動的にスマホのアプリに記録していくというシステムです。

ケース内の生理用品の残量をアプリで確認できるため、外出先で追加購入する際の参考になるほか、将来的には経血量を推測するなど、蓄積されたデータを医療機関やヘルスケアサービスなどに提供することで、診断や健康づくりに役立てていくことも考えているといいます。また、生理用品の残量が少なくなるとECで自動注文できたり、その人に最適な生理用品をレコメンドしたりといった機能の付加も検討中です。

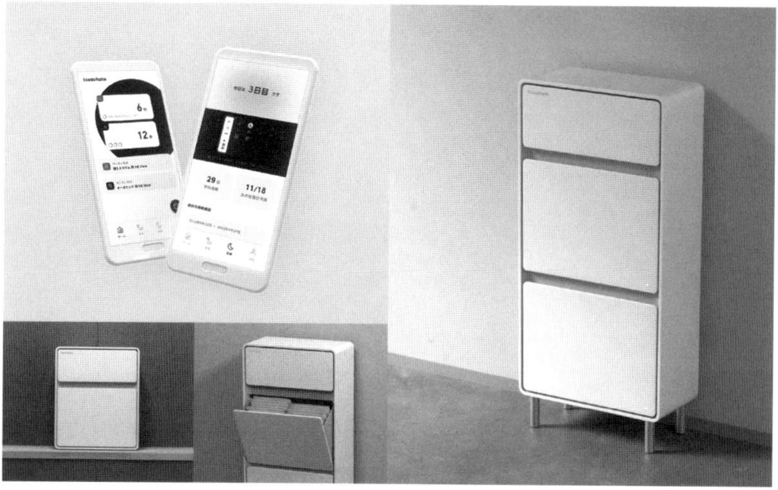

検証実験参加者から寄せられた「ケースを置いたことがきっかけで、パートナーと初めて生理について会話した」「生理用品の収納はそこまで隠さなくてもいいと気付いた」などの声を受け、置きたい場所に自由に設置できるデザインで商品化を検討中(画像提供:シャープ、以下同)

最初にこのプロジェクトのアイデアを出したのは、シャープに入社して当時6年目だった寧 静（ねい せい）さん。2021年の春、意を決し先輩である谷村基樹さん、栗野正雄さんに相談したといいます。

「最初は、男性に生理用品を管理するアイデアを話すというのは勇気が必要でしたが、問題意識をシェアしたいと思い、オンラインミーティングを開きました」（寧さん）

「パソコンの画面越しでも、緊張して話しているのがわかった分、共有してくれたのが嬉しかったですし、僕たちもすぐに問題の重要性について理解しました。そしてシャープならではのIoT技術を使えば、できることがたくさんあると盛り上がったのです」（谷村さん）

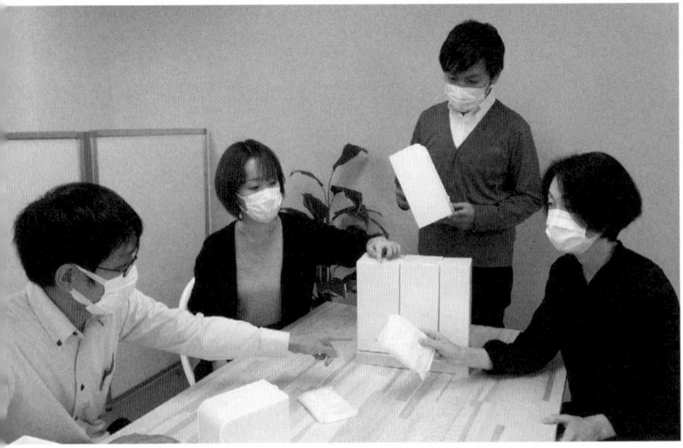

(左から)プロジェクトを担当している、Smart Appliances & Solutions事業本部BtoBソリューション事業統轄部 新規事業開発部 課長 谷村基樹さん、デザイナー 寧 静(ねいせい)さん、シニアデザイナー 栗野正雄さん、CEOオフィス デザイン担当課長 三浦信子さん

シャープでフェムテック領域のプロジェクトに取り組むのは初めてのことでしたが、経済産業省の「フェムテック等サポートサービス実証事業費補助金」の2021年度の採択事業に選ばれたことも大きな追い風になりました。

「採択された20事業のうちの一つに選ばれたことは、社内の理解を得る上でもプラスに働きました。“フェムテック”という言葉自体に馴染みのない男性もいますし、生理というプライベートな問題について、アンケートなどに協力してくれる女性にとっても安心材料になったようです」（谷村さん）

「検証実験では、生理日の記録や、生理用品の在庫管理といった負担が減ることによる不安軽減効果はもちろん、毎月、漫然と使っていた生理用品や、生理自体についての意識がどう変化するかについても確認しています。**生理用品は毎月使うものであるにもかかわらず、話題にのぼることや情報量が少ないので、自分に合う製品が何なのか、実はわかっていない女性が多い**のが現状です。将来的には、アプリを使ってコミュニケーションをしたり、快適な使い方をレクチャーしたりすることもできればと思います」（寧さん）

経血量がとても多く、昼でも夜用の吸収量の大きいナプキンを使わないといけない人や、夜用ナプキンが一晩もたない人は、子宮筋腫などの病気が原因になっている場合もあります。そのため生理用品の使用量をチェックすることは、婦人科系疾患の早期発見につながる可能性もあるのです。

「生理用品について、どういうサイズをどれくらい使っているか、女性本人もわかっていないことが多く、データも多くありません。交換頻度や使用量を同年代の女性と比較することは、健康状態をチェックする上で参考になりますし、さらに他のサービスと連携していくことで、ヘルスケアに貴重なデータになり得ます。

私たちのチームはいわゆる白物家電の事業部に属していますが、こうした**フェムテックの技術も、白物家電のように普通に生活の中に取り入れられるようになれば**と考えています。これからも、**今までの家電のイメージに縛られず、新しいニーズに即した商品を生み出し、ヘルスケア領域にもどんどんチャレンジしていきたい**です」（谷村さん）

Point

- ☑ **自社ならではの技術を活かしてフェムテック製品を開発**
- ☑ **生理用品の管理という「当たり前の不便」解消を目指す**
- ☑ **フェムテックが白物家電のように広がればヘルスケアも進化**

第3章

健康経営とフェムテックの関係

働く女性と管理職の間に立ちはだかる、生理をめぐる7つの壁

働く女性と管理職の間にある、生理をめぐる“不都合な壁”とは

日経BP 総合研究所では、第1章で紹介した約2000人を対象にした「働く女性調査2021」(2021年8月)に続き、翌年の2022年も働く女性に対してアンケートを行い、**フェムテックブームが広がる中、生理の悩みや環境が1年間でどのように変化したのかを調査、今後の傾向も予測**しました(調査概要1:「働く女性調査2022」)。

2022年は同時に、働く女性を指導・サポートしながら働いている男性・女性を対象にしたWEB調査も実施しました(調査概要2:「管理職調査2022」)。「評価または指導・育成、あるいは仕事を指示する対象」として、40代以下の女性社員・職員がいる男女に、生理の不快な症状を持つ女性に対する意識や、生理休暇、会社のサポート体制などについての考えを聞き、働く女性側と比較しています(なお「働く女性調査2022」では役職が管理職以上の女性を含み、「管理職調査2022」の対象者である女性を評価・指示する人の中には役職が課長以上でない人も含みますが、この本では便宜的に「働く女性」「管理職」と表記しています)。

その結果、働く女性と管理職の間だけでなく、管理職の中でも性別、そして働く女性では年代によって、大きなギャップが存在することが明らかになりました。

生理の影響について、働く女性を評価する側と評価される側に聞き、その乖離を分析した調査は日本にはあまり存在しません。ジェンダーギャップ解消が叫ばれる中、不都合な壁ともいえる貴重なデータを、回答者のコメントとともにご紹介します。

※コメントは一部を抜粋、漢字や表現を一部変更しています。

調査概要1:
『働く女性の「生理の悩み」と仕事や生活に関するアンケート2022』(以下「働く女性調査2022」)

日経xwomanをはじめ、日経グループのメディア読者・ユーザーを中心に、働く女性を対象にWEBアンケートを実施。現在生理がある、または妊娠中・産後の人で、かつ生理前や生理中に「不快な症状がある」あるいは「医療機関で治療を受けていて、不快な症状はあまり気にならない」と答えた10〜40代の女性624人から回答を得た(20代以下58人、30代 238人、40代 328人)。調査実施期間は2022年7月13日〜8月9日。

調査概要2:
『働く女性のウェルビーイング環境アンケート2022』(以下「管理職調査2022」)

日経Goodayやヒューマンキャピタルオンラインをはじめ、日経グループのメディア読者・ユーザーを中心に、働く女性を指導・サポートしながら働いている男女を対象にWEBアンケートを実施。評価または指導・育成、あるいは仕事を指示する対象として、40代以下の女性社員・職員がいる男性220人、女性169人の回答を集計した。調査実施期間は2022年7月13日〜8月9日。

特に男性管理職の生理に対する知識不足が顕著

「管理職調査2022」で、40代以下の女性の「部下がいる」「指導・育成/仕事を指示する対象の社員・職員がいる」と答えた人に、性特有の健康問題（女性の場合、生理関連や更年期など）を理解し、必要な場合は対応できているか、あるいはできると思うかについて聞

DATA 29　男性管理職の3人に1人は女性特有の健康課題について理解していない

Q：女性部下の性特有の健康問題※を理解し、対応できている？
管理職調査2022（男女管理職の比較）

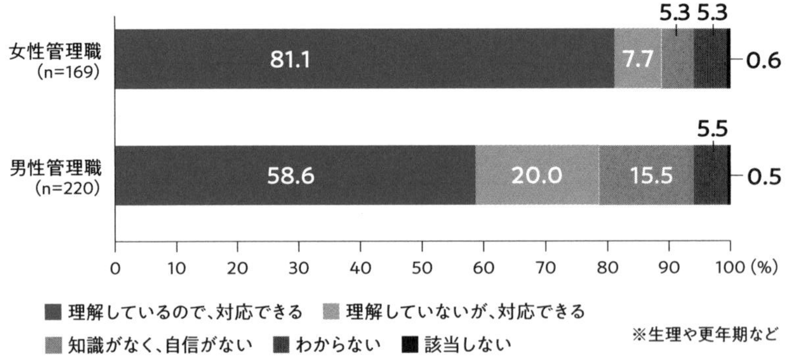

いたところ、女性は81.1%が「理解しているので、対応できる」と回答しましたが、男性は58.6%でした（DATA 29）。

「知識がなく、自信がない」と答えた男性は15.5%で、これは女性の約3倍に及びます。そして「理解していないが、対応できる」と答えた20.0%を足すと、女性をマネジメントしている立場にいる男性の35.5%、つまり**3人に1人が、女性の健康問題について理解していない**ということが明らかになりました。

実際、生理による不快な症状を「医療機関での治療で改善できることを知っているか」について聞いた設問では、男性の43.6%が「知

DATA 30　男性管理職の43.6%は「生理による不快な症状が治療できると知らなかった」

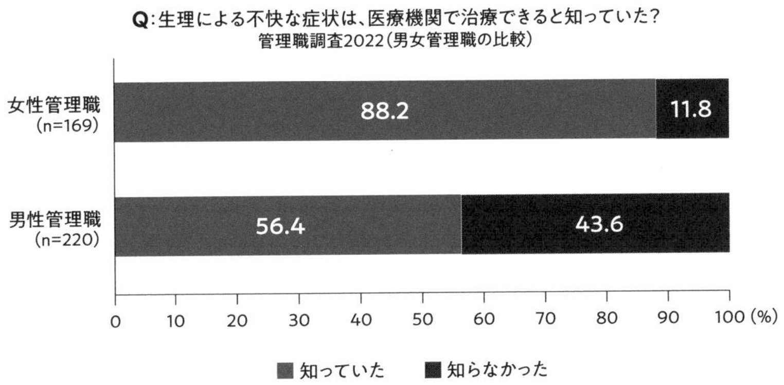

らなかった」と答えました（DATA 30）。

前問で20.0％の男性が「理解していないが、対応できる」と回答していますが、治療法についての知識も不足している状態では、相談に乗ったり十分にサポートするのは難しいかもしれません。

このため、働く女性側からは職場で困った体験談が多く寄せられています。

働く女性

男性が多く、生理や生理前に休むことに理解がなく、出勤すれば、体調が悪かろうと、トイレにすら行く暇がないこともある。今後、更年期では退職も考えないといけなくなるのかと感じている。（40代後半／建設／一般）

働く女性

出血量が多いときに会議が続き、座りっぱなしでトイレにも行けず、経血で椅子を汚してしまった。（40代後半／製造／課長）

働く女性

子宮筋腫がひどかったときには気を失ってしまい、半日休まなければなりませんでしたが、その説明を男性の上司に伝えるのがつらかった。（40代前半／製造／係長）

働く女性

接客業で制服を着用するが、経血の漏れが目立ってしまったスタッフを見たことがあるので、ボトムスは明らかな理由がなければ濃い色のほうがいいと思うが、決定権があるのは男性が多く、薄手の生地の薄い色になりがち。生理のために濃い色にしたいとも言いづらく、他の理由とともに挙げても伝わらない。（40代前半/その他サービス/係長）

働く女性

そもそもの基礎知識を持っていない人ばかりで、お話にならない。自分は保険診療のピルを処方してもらっているので、長くても3カ月に1度は病院にかからなくてはならず、仕事との調整が大変。かといって、オンラインは費用が高く継続が大変。（30代後半/広告・マスコミ/係長）

働く女性

男性上司に生理痛での休暇を連絡する際に、「体調不良」だけだと新型コロナ感染を疑われるので、「生理痛」と申し出るのがお互い気まずかった。急な大量出血で、オフィスの椅子を汚してしまったが、人の目を気にしてすぐに掃除しにくかった。深夜残業時にこっそりシミ取りした。（40代後半/製造/一般）

働く女性

海外出張中にひどい生理痛が襲ってきたが、同行者は男性のみで誰にも相談できず、不安な思いをした。真冬のパリであまりの痛さに冷や汗をかいていたが、誰も気付いてくれず、ただ耐えた。(30代前半/製造/係長)

働く女性

頭痛や腹痛、だるさ、強い眠気などで集中できない。たびたび席を立ってトイレに行かなければいけないことが、じんわりと業務の遂行を遅らせると感じている。このコントロールを、社会人であれば当然すべき体調管理の一つと捉えられるとつらい。飲みすぎない、風邪をひかないように用心する、といったものとはレベルが違うものという理解が欲しい。(40代前半/コンサル・法律/係長)

働く女性

男性が上司のため、生理という言葉を使わずに体調不良を申告しているので、自己管理ができないと思われていないかが心配。(20代後半/情報処理/一般)

働く女性

社内・社外問わず会議が長いせいでトイレに行けず、夜用のナプキン+シンクロフィット(ナプキンの上に置くナプキン)を使って、

吸水機能のある生理用ショーツを着用していても、経血が漏れてしまった。（30代後半／商業／係長）

働く女性

子宮腺筋症という、摘出か痛みに耐えるしかない病気で、薬で散らしながらなんとかやっています。病気であることを話すタイミングもなく、男性上司には伝えていない。旦那にも理解されないから、男性上司もわかるはずがない。うちの会社は１割にも満たない女性幹部のため、男性幹部と対等にやりあうには、女性らしさは封印ですかね。（40代前半／情報処理／課長）

一方、女性管理職は職場で働く女性から健康問題について相談を受け、サポートを行っているケースも多いようです。

女性管理職

生理痛がひどく、休みがちになるので辞めたほうが良いと考えている部下がいたので、女性の産業医に相談をすることと、働き方（時間休を取るなど）を変えるよう話した。（50代前半／商業／課長）

女性管理職

生理前の体調不良、生理痛などに市販薬で対処していたので、ま

ずは婦人科に行き、医師の診断を受けることを勧めた。（55歳以上/製造/係長）

女性管理職

生理の症状による業務上の支障についての相談を受けた。できるかぎり事前の対応などで工夫するとともに、無理をせずに休むことを推奨し、最大限サポートを行った。（40代後半/官公庁/課長）

配属された部署の管理職が男性か女性か、またヘルスリテラシーによって、女性の働きやすさに大きな差が生まれてしまっているという現状が見えてきます。

Point

- ☑ **男性管理職の3人に1人は、女性特有の健康問題を理解していない**
- ☑ **「生理による不快な症状は治療できる」など、ヘルスリテラシー向上が必要**

男性管理職は生理の影響がある女性を「どうすればよいかわからない」「スキルアップは難しい」と感じている

女性の健康問題について、知識不足の傾向が明らかになった男性管理職。生理による不快な症状で仕事に影響が出てしまっている職場の女性に対しては、「どの程度症状が深刻なのかわからなかった」と感じている人が半数以上（54.7%）で、「サポートしたいと思ったが、どうすればよいかわからなかった」と回答した人が38.7%に上りました（DATA 31）。

生理によって困っている女性が職場にいても理解できず、どう対応すればいいのかわからないというのが、半数前後の男性管理職の実状なのです。

フリーコメントにも、対応に苦慮している男性管理職の声が寄せられており、中には妻のサポートを受けて対応しているという男性もいました。

DATA 31 「サポートしたいがどうすればいいかわからない」男性管理職が約4割

Q:生理の影響がある職場の女性に対してどう感じる?
(複数回答)(男女管理職の比較)

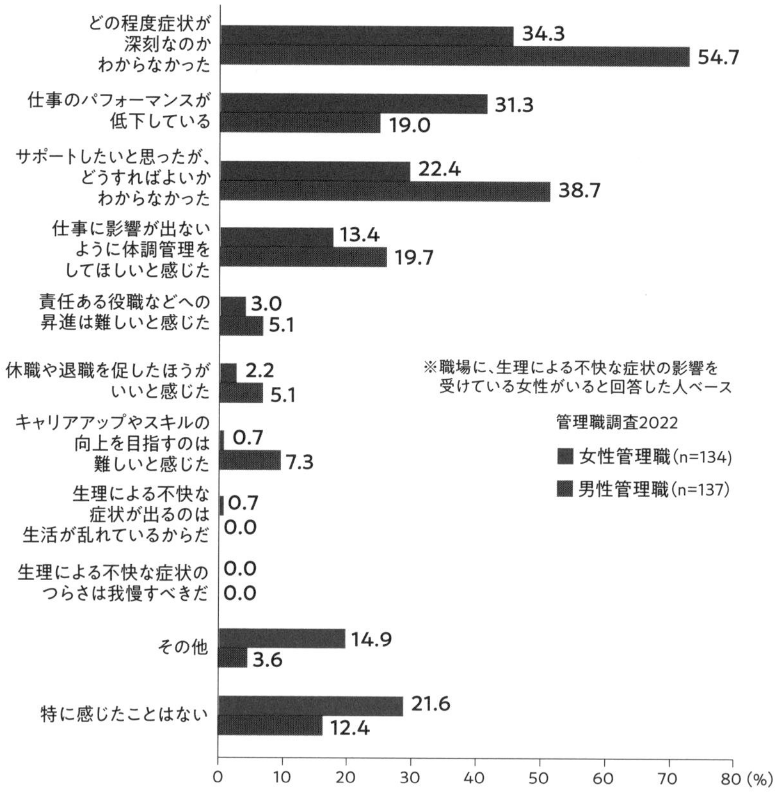

男性管理職

職場の女性から相談を受けたが、敏感な問題であり、どのような対応がアウトなのか見当もつかなかった。（50代前半/製造/課長）

男性管理職

イライラしている40代の女性がいたため、チーム内で雰囲気が悪くなる前に本人とミーティングをした。“最近体調が悪く、気を付けます”と返答がありその場は終わったが、夜、妻に話したら“生理で体調が悪くなっているんじゃないの？”と言われ、その可能性もあるのか……と知った。後日、チームでミーティングを開き、会社の制度や、生理休暇をどんどん活用するようにと話した。あわせて役員や他の女性も使用していると伝え、申請しやすい状況にした。（30代後半/商業/係長）

ただし個人的な人間関係に頼ってリテラシー向上をはかるのは限界があり、組織運営的にも心許ない状況と言えるでしょう。

またここで見逃せないのは、**男性管理職で「仕事に影響が出ないように体調管理をしてほしいと感じた」人が約２割（19.7%）おり、女性管理職（13.4%）よりも多い**ということです。フリーコメントからは、特に女性のイライラ症状についての意見が寄せられています。

男性管理職

生理による不快な症状に配慮すべきだと思うが、生理のイライラを理由に周りに当たり散らすのが正当化されてはいけないと思う。それが正当化されるのであれば、生理現象なら男女問わず当たり散らしてよいということになる。（30代前半/製造/係長）

男性管理職

イライラが言動にあらわれやすい女性や、更年期も重なり不快な体調を周りに撒き散らす女性が目立つ。仕事ができる女性でも、このことが原因で評判が悪いのはもったいない。（40代後半/製造/一般）

少数派ではありますが、生理の影響を受けている女性に対して**「キャリアアップやスキルの向上を目指すのは難しいと感じた」男性管理職は7.3%で、女性管理職が回答した0.7%よりも多く、「責任ある役職などへの昇進は難しいと感じた」「休職や退職を促したほうがいいと感じた」と答える比率も高い**という結果になっています。

生理による不快な症状を治療できることを知らない男性のほうが、不快な症状に苦しむ女性を異質に感じ、**症状が重い女性はキャリアアップや仕事の継続に不適合と考えている**のかもしれません。

Point

☑ **男性管理職の「サポートしたいがどうすればいいかわからない」「生理の影響がある女性やキャリアアップが難しい」という意識の改善を**

「会社が導入すべき制度」は働く女性と管理職で大きな違いが

「働く女性調査」の2021年と2022年を比較すると、「生理による不快な症状を抱える女性をサポートする制度で、現在職場にあるもの」は、「時間単位の休暇」(2022年 27.4%、前年比3.3ポイントプラス)をはじめ、「婦人科受診費用の補助」(同 6.0%、前年比2.1ポイントプラス)、「低用量ピル・漢方薬などの服薬支援」(同 3.0%、前年比1.5ポイントプラス)などがわずかに増加しました(DATA 32)。

健康経営に取り組む企業が増える中、ここ1年間だけでも、女性の健康支援策の導入は進んでいるようです。

そして「現在職場にない制度で、職場にあるべきだと思うもの」については、2021年から2022年の1年間で希望が最も増えたのは「低用量ピル・漢方薬などの服薬支援」(2022年 39.7%、前年比9.3ポイントプラス)で、「婦人科受診費用の補助」(同 40.3%、前年比6.9ポイントプラス)、「生理についての理解を深める全社員対象の研修」(同 34.4%、前年比4.8ポイントプラス)が続きました(DATA 33)。

DATA 32

時間単位の休暇や婦人科受診費用、低用量ピルの補助を行う会社が増加傾向

Q:職場にある制度は?
(複数回答)(働く女性2021年と2022年の比較)(フリーランスを除く)

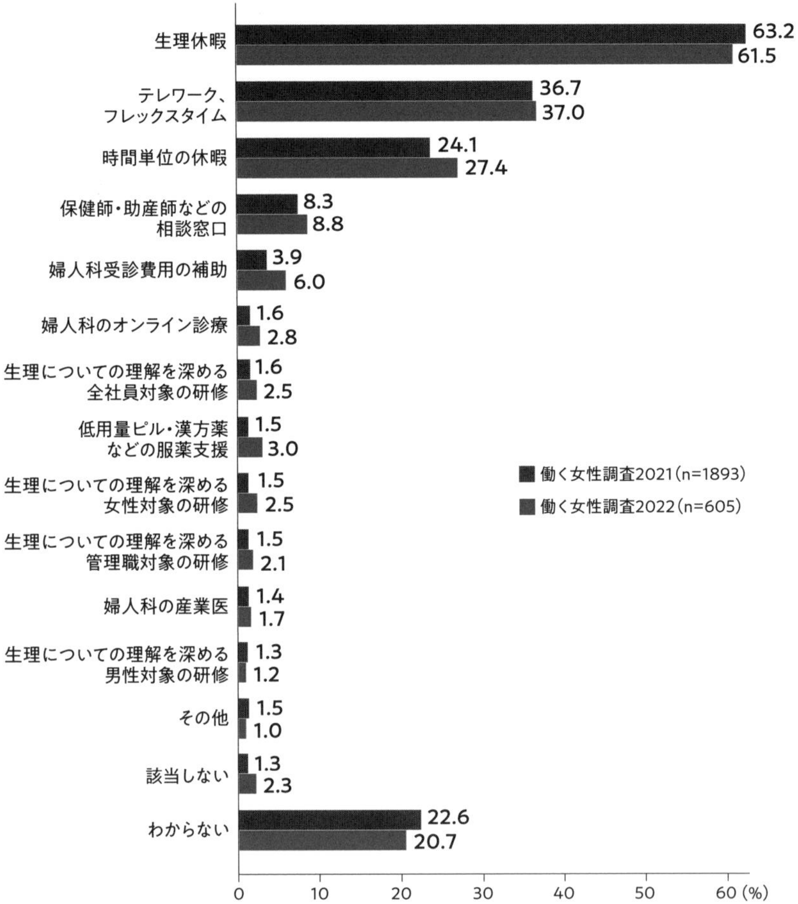

DATA 33　働く女性の約4割は服薬・治療支援を求めている

Q：現在職場にない制度で、職場にあってほしいものは?
（複数回答）（働く女性2021年と2022年の比較）（フリーランスを除く）（2021年と2022年の差が大きいもの順にソート）

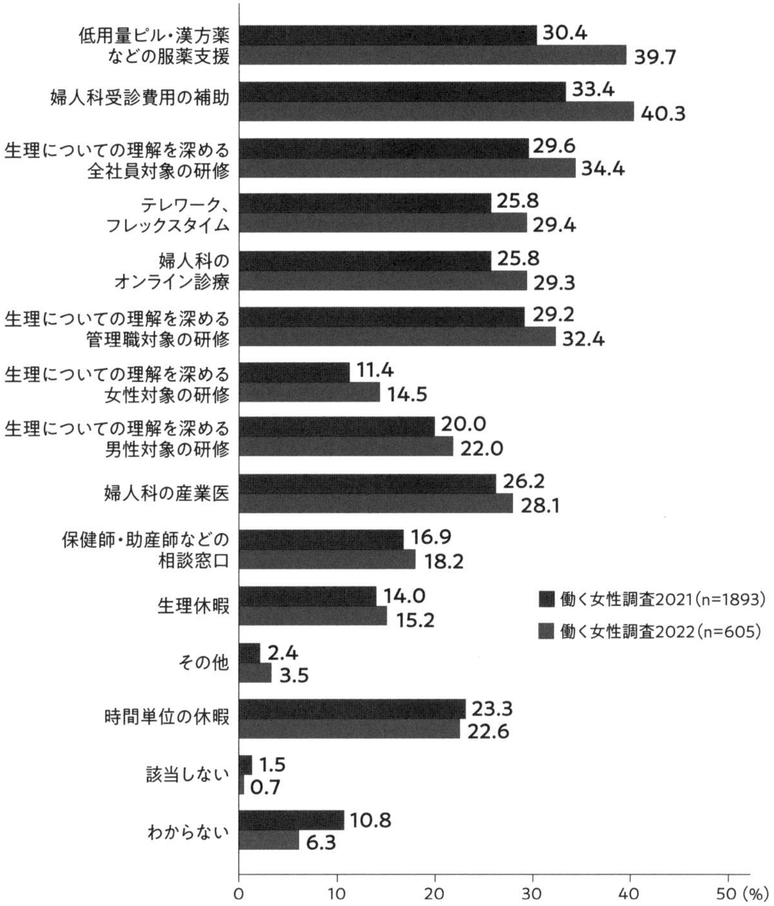

服薬支援と受診費用の補助はともに約4割の女性が導入を求めており、サポートを望む声は確実に高まっています。

一方、「管理職調査2022」で、管理職に対しても「現在職場にない制度で、職場にあるべきだと思うもの」を聞いたところ、「婦人科受診費用の補助」を導入すべきだと答えたのは女性管理職の22.5%、男性管理職では15.9%で、働く女性の40.3%と比較すると大きな隔たりがありました（DATA 34）。

同様に「低用量ピル・漢方薬などの服薬支援」については働く女性の39.7%が求めているのに対し、女性管理職が20.1%、男性管理職では13.6%のみでした。特に**男性管理職の制度導入意向が低く、働く女性の半分以下**であることがわかります。このような意識の乖離が、実際に職場で新しい制度の導入を検討する際に、ボトルネックとなっている場合もあるでしょう。

生理について理解する研修を実施すべきだという比率は、働く女性と管理職の間であまり差がありませんが、**働く女性は研修だけでなく、治療・服薬支援などもう一歩踏み込んだサポートを求めている**のです。

DATA 34

生理をサポートする制度の導入意向は、男性管理職が際立って低い

Q:現在職場にない制度で、導入すべきものは?
(複数回答)(働く女性と男女管理職の比較)(働く女性と管理職全体の差が大きいもの順にソート)

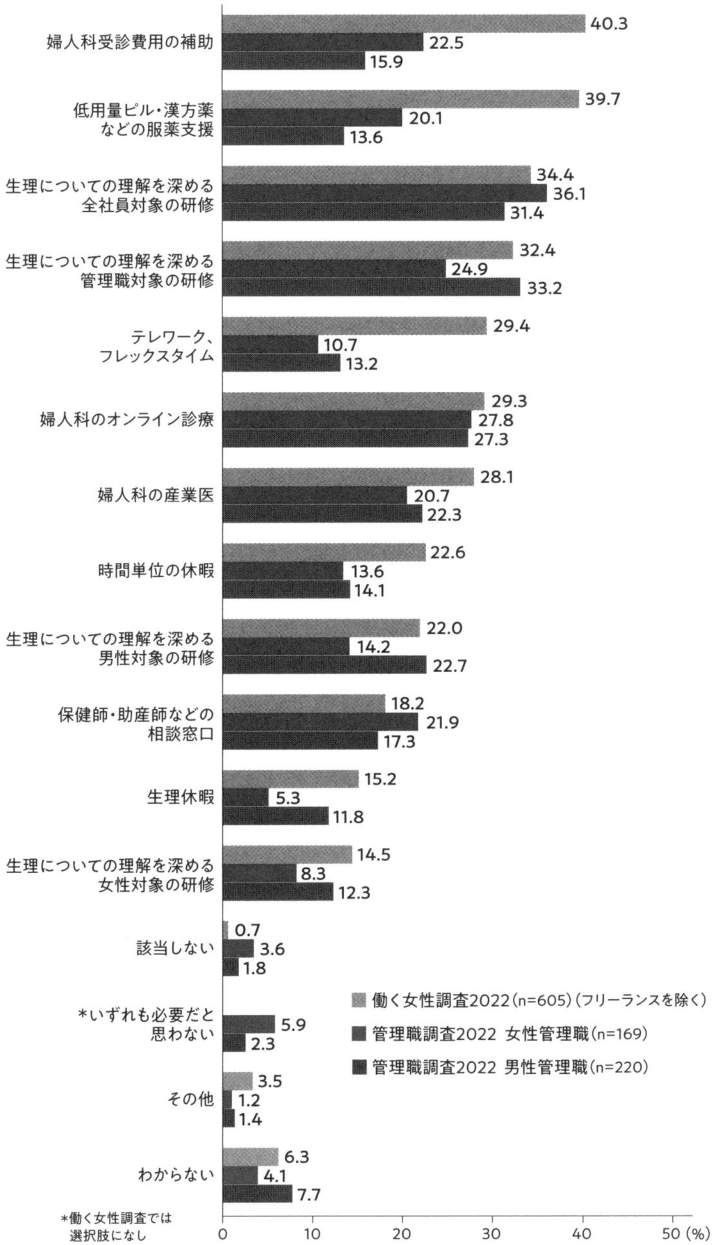

「制度」だけでなく「設備」を求める声も多数

働く女性

トイレに小物入れがなく、ナプキンを替えるたびに手で持っていかなければならない。（55歳以上/製造/一般）

働く女性

建設現場に1日いるとき、現場用の簡易トイレしかない（男女共有）、サニタリーBOXがないことがよくある。（40代前半/建設/一般）

働く女性

職場に休憩室がなく、生理痛で体調が悪くても横になったり休んだりする場所がない。（30代後半/人材サービス/一般）

働く女性

出向の仕事が多いが、社員にはあるロッカーが、出向者には割り当てられていないことが多く、生理用品の保管場所に困る。（40代前半/情報処理/一般）

「もっと早く婦人科を受診すればよかった」という声も

働く女性

仕事を始めてしばらくは、生理痛を我慢して残業をこなす夜型の不規則な生活を続けた。その結果、子宮内膜症を悪化させて不妊につながった。現在、不妊治療で仕事の時間も家族の時間も削り、もちろんお金もたくさん使っている。生理痛は若いから何とかなる、では取り返しがつかない。（30代前半/官公庁/係長）

働く女性

生理前後2〜3日は仕事の質が著しく落ち、それに対する自己嫌悪で落ち込んだり、その期間の仕事のフォローが発生したりで、結局1週間くらいをリカバリーに要してしまうという悪循環に。これではだめだと一念発起で婦人科に行ったら、子宮内膜症が発覚。本当に早く行けばよかった。小さな変化でも自覚したら受診することがもっと当たり前になればよいと思う。（40代前半/製造/係長）

Point

- ☑ 2021年から2022年の1年間で、サポート体制はわずかながら増加
- ☑ 男性管理職の制度導入意向は働く女性の半分以下、ボトルネックとなる可能性

働く女性と管理職で異なる生理休暇についての問題意識

第1章で、働く女性の約5割が「生理休暇を使いたいけれど利用できない」と回答したという2021年の調査結果を紹介しましたが(DATA 13)、管理職側は、男女ともに「生理休暇は権利なのだから、体調不良なら取得すべき」と7割前後が回答、男性管理職の約3割が「生理休暇取得率が上がるように会社が取り組むべき」と答えました(DATA 35)。

生理休暇を利用することが、労働基準法に定められている権利であることを、管理職側はある程度認識しているようです。

そのうち女性管理職の約3割は「不快な症状を治すために、医療機関を受診するときに生理休暇を使うようにすればよい」と回答しており、症状や治療法についてある程度理解している同性だからこそ、**ただ休むのではなく、前向きに治療してほしい**と考えていることがわかります。

また約1割の女性管理職は「頻繁に休まれると職場運営が困難になる」(11.8%)、「健康管理をして、生理休暇を利用しないですむように努力すべき」(9.5%)と答えており、男性管理職よりもその比率が高いのも注目に値します。

働く女性側は生理休暇を取得できない理由として「男性上司に言いにくい」と答えた人が61.8%に上りましたが(DATA 14)、実は**女性**

DATA 35　生理休暇を「治療のために使ってほしい」女性管理職が約3割

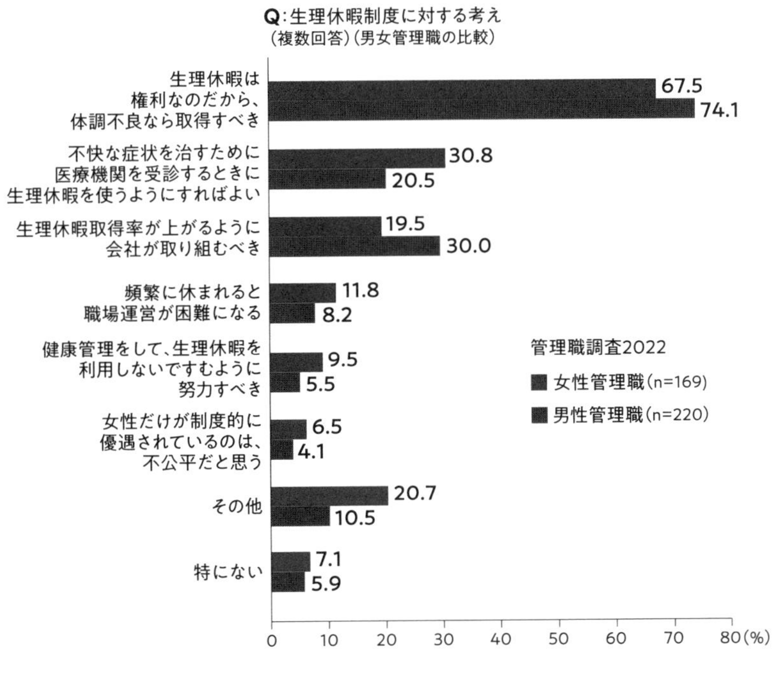

管理職のほうが「できれば生理休暇を利用してほしくない」と考える傾向が高いことが明らかになりました。

女性管理職

体調不良であれば休むのでよいが、それとともに**現状を改善できないか、通院その他改善のための試みはしてほしい。**（50代前半/コンサル/部長）

女性管理職

新入社員研修は年１回、入社時のみ行っているが、生理休暇で休む社員の対応に非常に悩みます。１日休むと翌日以降の研修にもつながっているので周囲の社員との進捗をフォローする必要があるが、社員の権利でもあり休ませないわけにもいかない。（40代前半/建設/課長）

女性管理職

振り替えがきかない研修を休まれるのは頭が痛い。（40代後半/建設/課長）

さらに、残念ながら「症状がひどくないのに生理休暇を使っている女性」が職場にいるという回答も、女性管理職は25.4%と、男性管理職よりも10ポイント以上多いという結果になりました（DATA 36）。

同性のほうが、悩みを理解できる場面がありつつ、厳しい目でチェックしているという面もあるようです。

DATA 36　女性管理職の4人に1人は「症状がひどくないのに生理休暇を利用」と感じている

Q:症状がひどくないのに生理休暇を使っている女性がいると感じることがある?
管理職調査2022(男女管理職の比較)(職場で生理休暇を利用している女性がいる人ベース)

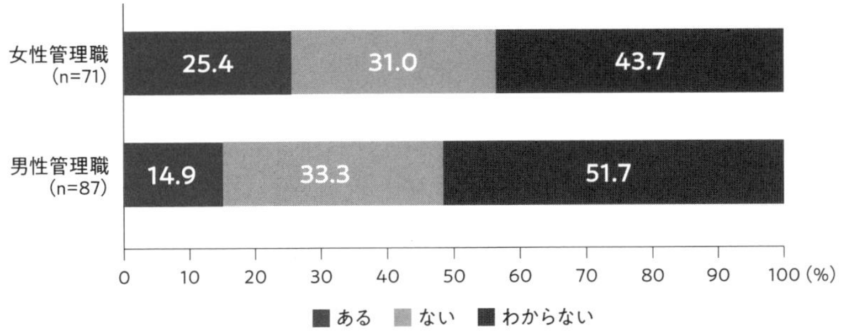

女性管理職

毎月5日以上生理休暇を使う人がいて、非常に困っている。そういう人には診断書を出してもらいたいが、求められないので理不尽さを感じる。(40代後半/製造/課長)

女性管理職

症状は自己申告なので、嘘をついて休めてしまう制度だと思う。(30代前半/その他サービス/係長)

そして働く女性と管理職ともに指摘していたのが、生理休暇という制度の使いづらさでした。

「事前申請が必要」「1日単位」の生理休暇では使えない

働く女性

生理休暇は前日までの事前申請により認められるため、**当日の朝になってから体調が悪くなり申請すると注意を受ける。会社の制度設計を行う管理者側が、生理について基本的な知識を知らず、実態に合っていない。**（20代後半/建設/係長）

働く女性

生理休暇が1日単位でしか使えず、**職位が上がるにつれ突発で1日休むことが難しくなり、最近は生理休暇を利用できない**状況にある。（40代前半/製造/係長）

働く女性

テレワーク制度はあるが、生理や病気のときは、休んでくださいとなり、自宅で働くことを許可されない。**休むほどではないが、体調がすぐれないときにもテレワーク制度が使えたら、もっと柔軟に働くことができ、仕事のやりがいも増す**と思う。（40代前半/官公庁/専門職）

働く女性

生理の周期が30日よりも短い場合、1カ月に2回生理が来てしまうことがあります。しかし生理に対する理解が低い上司のときには、同じ月で2回目の生理休暇を申請することが言い出しにくく、悩んで別の理由で有給休暇を取得したことがありました。上司が女性で、ご自身に生理に関する悩みがない場合は、最も生理休暇を申請しにくい職場の雰囲気でした。（40代前半/官公庁/係長）

女性管理職

毎月、生理の初日から2～3日は頭痛・腹痛・めまいがひどく、生理休暇を取りたいと相談されたが、弊社は**1月あたり1日の生理休暇制度しかなく、追加で休む場合は有給休暇を利用するしかない。しかし有休も年20日しかなく、これ以上となると無給または欠勤扱いとなる**。人事に相談したが、現制度は変更できず、特別扱いはできないとのことで、役には立てなかった。結局、年の後半には数日、無給休暇を取ってもらうことになった。（55歳以上/情報/課長）

働く女性

生理休暇の制度はあっても取得する人を聞いたことがない。あらかじめ女性は月に1日か半日休みを与えておいてもいいのではないだろうか。働くのに支障がない人はそれを返上したらよい。（40代前半/広告・マスコミ/一般）

コロナ禍で生理休暇がさらに取りにくくなった会社も

働く女性

コロナ感染者数増加に伴い、**体調不良時には診断書を提出することが義務付けられているので、生理痛がひどくて休むには毎月医師のところに行かなくてはならない。**（30代前半/人材サービス/係長）

働く女性

コロナ禍になり、体調不良だけでは会社を休みづらくなってしまった。また、会社の事前有給休暇届に生理休暇の項目があるが、**事後の欠勤届には生理休暇の項目がない。事前にわかっていれば、こちらも苦労しない。**根本的に間違っている。（30代前半/建設/一般）

女性管理職

生理が重いものの、数時間で治まる場合に当日申請で時間休を取れるか？とチームの女性から相談を受けたことがありますが、**今の制度では事前申請でないといけないのと、コロナ感染者数増加に伴って体調不良時には診断書を出さなくてはならないルールになったので不可能**でした。（30代前半/人材サービス/係長）

「生理休暇」という名称自体が問題

女性管理職

「生理休暇」という名称をやめ、男女問わず性に関わることで休むときの新たな休暇制度を創設すべき。（30代前半/医療/係長）

働く女性

生理休暇を取ると、ホワイトボードにデカデカと「生休」と書かれ、体の様子を公開されてしまい、かなり嫌。（30代後半/教育/専門職）

Point

- ☑ **女性管理職の3人に1人は生理休暇を「治療のために使うとよい」と考え、4人に1人は「症状がひどくないのに生理休暇を使っている女性がいる」と感じている**
- ☑ **運用ルールや名称など、多くの問題がある生理休暇。コロナ禍でさらに利用困難になった職場も**

HURDLE 05 職場に存在する生理の壁 5/7

女性管理職は、働く女性よりも「つらい症状がなかった」「治療して乗り越えた」人が多数

第1章で「生理の症状が軽い人しか管理職になれない」という働く女性の声を紹介しましたが(56ページ参照)、「管理職調査2022」では「つらい症状はほとんどない(なかった)」人は、女性管理職は9.5%で、働く女性の生理中症状の2.1%と比較すると7.4ポイント多い

DATA 37　女性管理職は「生理のつらい症状がない人」「治療して軽減させた人」が多い

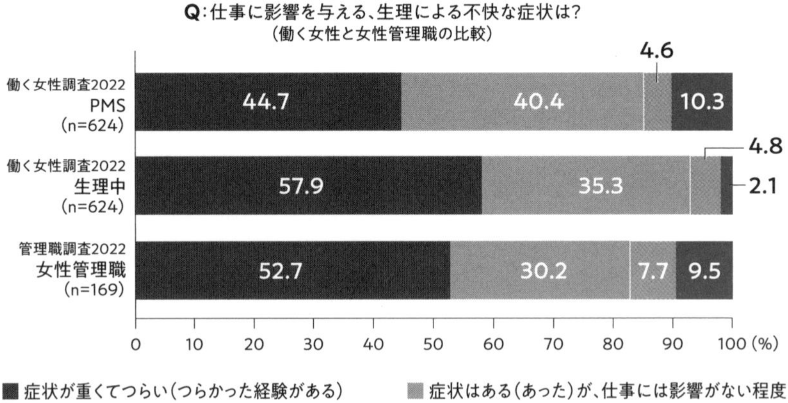

という結果になりました（DATA 37）。「つらい症状があった」人（「症状が重くてつらい」と、「症状はあるが、仕事には影響がない程度」の合計）は、女性管理職は82.9％ですが、働く女性の生理中症状では93.2％と、10.3ポイントの開きがあります。

また「つらい症状がある（あった）が治療などで乗り越えた」という回答は女性管理職の7.7％ですが、働く女性は4.8％と若干差があり、**女性管理職は不快な症状が少ない人か、治療して症状を軽快させた人が多い**ということが明らかになったのです。

自身の症状が軽かった女性管理職は、症状が重い女性からすると、心ない言葉と受け取られる対応もしてしまっているようです。

働く女性

前職の女性上司はまったく生理痛がない人だったので、自分のつらさを理解してもらえなかった。（20代前半/商業/一般）

働く女性

排卵日の週と生理3日間前から発熱があり、**上司が女性なので相談したところ、「あなた案外弱いのね」と言われてしまってから、体調が悪くても何も言えません**。熱が少しあると言うと、コロナ疑惑を受け「体調管理がなってない」と注意されてしまいます。ここ半

年間婦人科に通い、ピルで様子を見ていますが、改善が見られず困っています。（30代後半/建設/一般）

働く女性

上司が女性だが、**たびたび「私は我慢してきた」「産休もあまり取らなかった」と話すため、女性特有の症状による体調不良を、男性以上に言いづらい。**（30代前半/農林水産/課長）

低用量ピルが服用できない女性にも配慮を

「つらい症状がある（あった）が治療などで乗り越えた」人がいる一方、月経困難症や子宮内膜症の治療に使用される低用量ピル（LEP、176ページQ10参照）には吐き気や不正出血などの副作用があり、体質に合わない人がいるほか、血栓症にかかったことのある人や重度の高血圧、ヘビースモーカー、BMI30以上の肥満の人など、服用できない人、注意が必要な人もいます。

自身の症状が軽くなった女性が、親切心から低用量ピルの服用を勧める気持ちは理解できますが、安易に「ピルを使えばいいのに」と決めつけるのは、相手を傷つける場合もあります。月経困難症には漢方薬や鎮痛剤などさまざまな治療法があること、婦人科医との相談が大切なことをぜひ知っておきましょう。

働く女性

私はピルが体質的に使えず、つらい生理痛に耐えているのですが、女性の同僚から毎回ピルを何で使わないのか聞かれるのがつらいです。「ピルを飲めばもっと仕事できるようになるのに」と言われ困っています。（30代前半/建設/一般）

働く女性

ワクチン後の肺血栓症で入院した三親等内の血縁者が2人おり、今はピルの服用を諦めています。（30代後半/医療/専門職）

働く女性

低用量ピルですべて解決できるような言われ方をすることが多いが、40歳を過ぎると処方が難しいことも考慮に入れてほしい。（40代前半/商業/係長）

Point

- ☑ **女性管理職は生理による不快な症状が少ない人、治療して軽くなった人が多い**
- ☑ **自身の症状が軽い女性は、症状が重い人、低用量ピルが服用できない女性への心ない発言に注意を**

働く女性同士でも世代によって生理の知識・認識にギャップが

同じ職場の女性同士でも、働く女性と女性管理職の間で大きな意識ギャップがあることを紹介してきましたが、働く女性の間でも、20代以下、30代、40代と年代によってヘルスリテラシーに差があることがわかりました（DATA 38）。

「低用量ピルは生理痛の治療に使える」と正しく回答した人は、20代以下では75.9％いましたが、40代では65.2％で10ポイント以上も低いという結果になりました。さらに「無月経が続くと不妊になるリスクが上がる」と理解している20代以下は70.7％なのに対し40代は52.7％と、18ポイントも差があります。**40代の女性は生理と長くつき合っているにもかかわらず知識不足の傾向**にあり、今後迎える更年期についても課題となりそうです。

DATA 38　40代女性は20代以下よりも健康についての知識が少ない

Q:生理による不快な症状について、自分の考えに近い/正しいと思うものは?
(複数回答)(働く女性年代別)

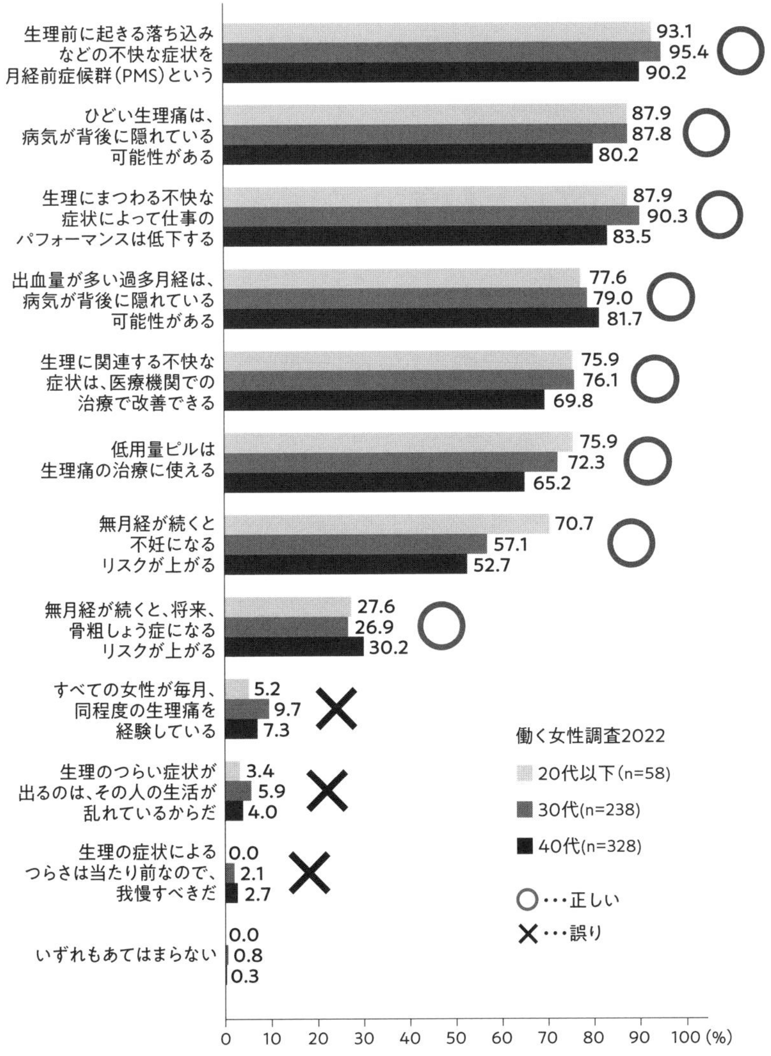

また職場にあるサポート制度について「特にない、わからない」と答えた40代女性は26.3％で、3つの年代の中で一番多く、**社歴が長い傾向にあるはずなのに自社の制度を知らない**という結果になっています（DATA 39）。

生理の不快な症状に悩んできた年数と知識量が比例せず、サポート制度についての理解と勤続年数についても必ずしも相関しない傾向からは、企業による積極的な制度の周知や研修など、プッシュ型の施策の必要性が見えてきます。

Point

- ☑ **40代女性は20代以下よりも、生理の不快な症状についての知識が少なく、職場のサポート体制についても理解していない傾向**
- ☑ **企業などによるプッシュ型の施策でヘルスリテラシーの向上を**

DATA 39

40代女性のほうが20代以下よりも会社の制度について理解していない

Q:職場にある制度は?(複数回答)(働く女性年代別)

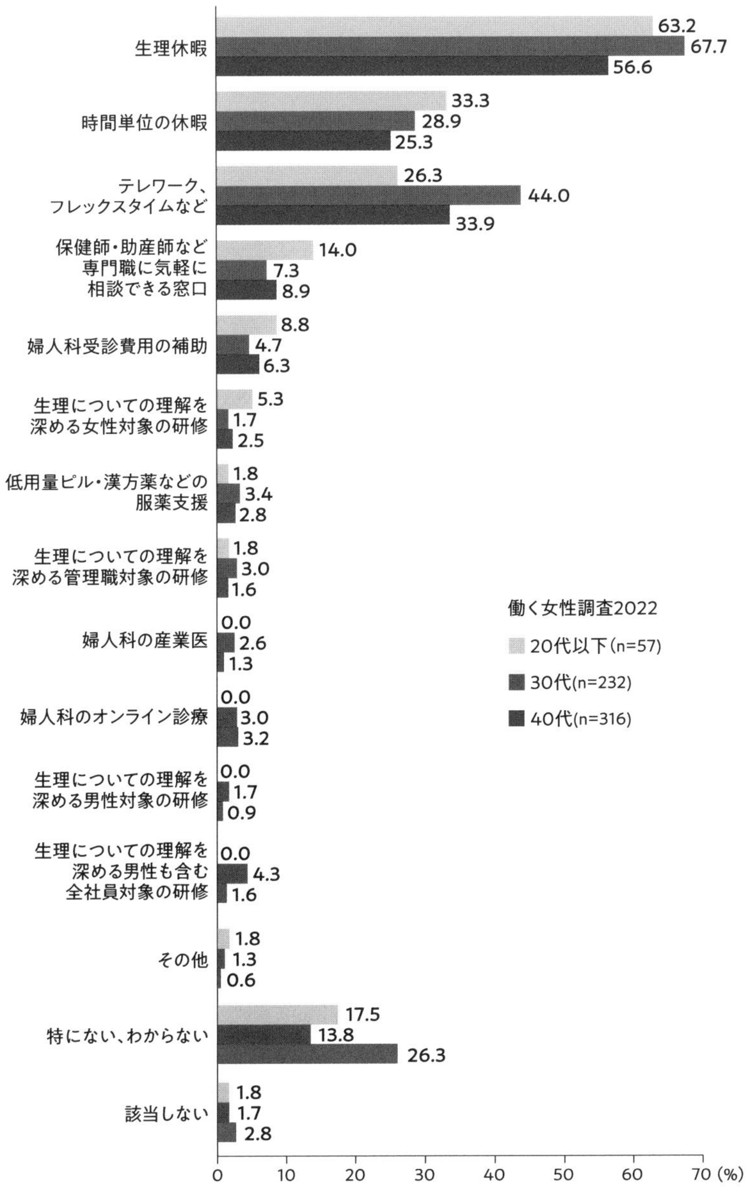

HURDLE

07 職場に存在する生理の壁 7/7

産業医などのサポート体制は手薄な状態、働く女性は制度の拡充を求めている

生理の不快な症状により、職場で困ったときに「相談できる・サポートしてくれる人」について聞くと、2021年・2022年ともに「夫、パートナー」が1位で、「同僚（女性）」「特にいない」が続きました（DATA 40）。勤務先の産業医や保健師・助産師と答えた人は、2022年調査ではともに2.4％と、ほとんど助けになっていません。婦人科の産業医がいる会社は2022年の回答でも1.7％のみのため（DATA 32）、女性特有の健康問題はサポートできていない会社が多数派なのです。

「勤務先は生理の不調問題に対処すべきだと思うか」と聞いたところ、女性管理職の11.8％、男性管理職の10.9％は「すでに対処している部分もある」と答えましたが、働く女性では3.8％でした（DATA 41）。**「勤務先は全く対処していない」と考える働く女性は40.7％、男女管理職のほぼ倍**という結果です。「もっと対処すべき」という方向性は共通しているものの、現状認識は大きな乖離があります。

DATA 40　産業医は女性特有の健康課題をサポートできていない

Q:生理による不快な症状で困った時、相談できる・サポートしてくれる人は?
(複数回答)(働く女性2021年と2022年の比較)(2022年の数値が高い順にソート)

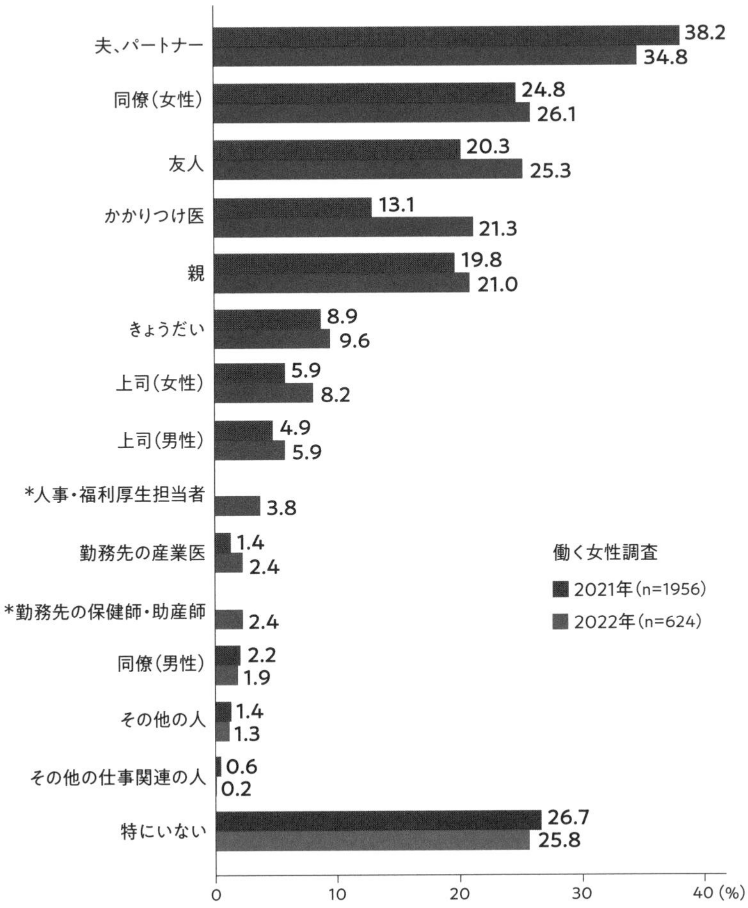

*2022年の調査から選択肢に追加

性差、不快な症状の多寡、年齢などさまざまな要因により、働く女性と管理職の間には大きな壁が存在しています。まずはこうした壁を認識し、理解して歩み寄ること、働く女性の声を反映したサポート策を検討することで、女性の健康課題解決に近づくはずです。

DATA 41

働く女性と管理職ともに約8割が「会社はもっと生理の不調に対処すべき」と回答

Q:勤務先は生理の不調問題に対処すべき?
(働く女性と男女管理職の比較)

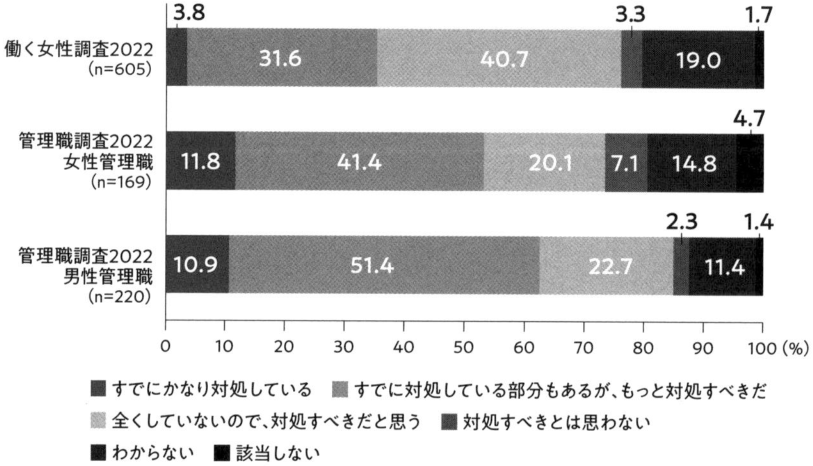

Point

- **生理による不快な症状で職場で困っても、産業医によるサポートはわずか2.4%**
- **「勤務先は全く対処していない」と考える働く女性は40.7%、管理職の倍に**

第 4 章

企業を活性化するフェムケア経営

働く女性と企業の
未来が変わる、
3つのケーススタディ

生産性向上や人材確保のためにも今こそ「フェムケア経営」を

ここまで、生理などの女性特有の健康問題が、働く女性に及ぼしている悪影響や、周囲の理解やサポートがなく、悩み続けている現状について見てきましたが、女性が長く働き続け、前向きに活躍できる社会をつくるためには、これらの課題に企業や社会全体が積極的に取り組んでいくことが必要です。

女性の健康課題をテクノロジーで解決するフェムテックと並行して、女性の健康づくりをサービスによってサポートする「フェムケア」(※)が現在注目されており、この視点を企業経営に取り入れて、働く女性のモチベーションアップや生産性向上、そして離職率低下や優秀な人材確保につなげる動きが増えています。

ただこうしたフェムケア施策を、各企業が自社内ですべて行うのはマンパワーやノウハウ的に難しいため、法人向けにサポートサービスを提供する企業も登場しています。第4章では、フェムケア経営をサポートするスタートアップ企業や、これらをいち早く導入した企業の声を紹介し、企業による女性特有の健康課題への投資が必要な理由と、その効果について浮き彫りにしていきます。

※:「Female、Feminine(女性、女性の)」と「Care」をかけ合わせた造語。

新サービスも前向きに拡充、国に認められる女性活躍を実現

「えるぼし認定」と「ホワイト500」をダブル取得

2022年7月、厚生労働省の**「えるぼし認定」の3段階目を取得したポーラ**。「えるぼし認定」とは、女性活躍推進法に基づき、厚生労働大臣が女性の活躍促進に取り組んでいる企業を認定している制度です（178ページ KEYWORD参照）。**取得した企業は、女性活躍推進法が施行された2016年の46社から、2022年3月時点で1712社へと大幅に増加しています**（プラチナえるぼし認定企業は25社）。

増加した理由としては、女性社員のモチベーションアップをはかれるだけでなく、「えるぼし認定」のマークを自社の商品などにつけられるため、女性活躍の先進企業としてイメージを向上できること、そして優秀な人材の確保につなげられることが挙げられます。

さらにポーラ・オルビスグループ全体では、経済産業省の健康経営優良法人認定制度の大規模法人部門で**「健康経営優良法人2022（ホワイト500）」にも認定**されています。

「2030」をすでに実現した企業が導入する先進サービス

ポーラは従業員の71.4％が女性で、**女性の管理職比率は約30％、女性役員比率は約40％を達成**している企業です（2021年12月時点）。女性が活躍できる環境をつくるため、管理職登用の抜擢人事や、非正規雇用からの転換制度、再雇用制度の拡充、育児休業取得促進や介護支援、「がん共生プログラム」など、さまざまな施策を行ってきました。そして2021年頃から、さらに力を入れてきたのが、女性の健康支援策の導入です。

ポーラ・オルビスグループの健康保険組合では、婦人科健診を希望者は無料で受けることができます。30歳以上が受診できる**乳がん検査では、マンモグラフィーが2方向撮影**で受けられます。左右からだけでなく上下からも乳房を挟んでレントゲン撮影をするため、ブラインドエリア（見えにくい部位）が少なく、病変を発見しやすいのが特長です。

ポーラが導入しているフェムケア（一部）

- 生理についての理解を深めるセミナー、オンライン診療、低用量ピル処方（サービス提供:ルナルナ オフィス）

- 卵子凍結に関わる保管初期費用の補助（サービス提供:Grace Bank）

- 更年期に関する相談やオンラインカウンセリングのサービス利用時の補助（サービス提供:よりそる）

- 女性の個室トイレに生理用ナプキンを常備し、必要なときに無料で提供（サービス提供:OiTr）

- 吸水ショーツやピル処方、生理関連の商品購入などの費用を一部補助（サービス提供:WELBOX）

- ライフプランや健康課題についてのセミナーやヘルスケアサポート（サービス提供:Cradle）

- 不妊治療の個人負担費用を一部補助。グループ健康管理センターに、婦人科在籍の産業医・医師を配置、全国の従業員が相談しやすいようオンライン面談を導入、婦人科専用の相談窓口（メール）も開設。女性の健康についてのリテラシーを高めるためのオリジナル動画「ウェルネスカフェちゃんねる」を制作・公開（ポーラ・オルビスグループ健康保険組合）

さらに全年齢の女性被保険者が受診できる子宮頸がん検査では、**子宮頸がんの細胞診検査だけでなく、子宮経膣超音波検査**（152ページ参照）**も受けられるので、子宮筋腫や子宮内膜症、卵巣嚢腫なども発見できます。**

また同じくポーラ・オルビスグループの**健康保険組合では不妊治療費の補助**（治療1回につき10万円まで、1年に2回、通算5年まで）も開始しており、2021年には7人が治療費補助を利用しました。

そのうち男性の利用者は、社内の啓発動画にも自発的に出演し、治療中に困ったことや気になったこと（飲み会で“不妊治療をしているって、子どものつくり方を知らないの？”とからかわれるなど）についてリアルな声を発信したといいます。

不妊治療など、**今まで語りにくかった体験について、オープンに共有する空気が醸成しつつある**といえます。

「働く女性調査2021」では、婦人科の産業医が在籍する会社は1.4％しかなく（DATA 11）、働く女性の26.2％が導入を希望しているという結果でしたが（DATA 28）、ポーラ・オルビスグループでは婦人科在籍の産業医と契約、全国の従業員が相談しやすいようオンライン面談を導入しているほか、婦人科専用の相談窓口（メール）も開設、女性の健康についてわかりやすく解説するオリジナル動画も公開しています。

オンライン婦人科受診と低用量ピル処方、卵子凍結も支援

さらにポーラでは、**卵子を凍結保存し将来の妊娠に備えておきたい人のために、Grace Bank（グレイスバンク）の初期費用の一部補助を行い、吸水ショーツや温活デバイスなど、サニタリー関連の商品購入についても費用補助**をしています。

「2022年5月からはルナルナ オフィスの『月経プログラム』を導入し、**生理や女性の体についての知識を深めるセミナーと、オンライン診療、低用量ピル処方**が受けられるようになりました。

ポーラの社内アンケートでは“生理関連の不快な症状がある”と答えた従業員は約8割に及び、その間のパフォーマンスは約5割に低下するという結果が出ており、**生産性アップのためにも生理にまつわる問題への取り組みは重要である**と考えました」とポーラ人事戦略部 大城心さんは話します。

その結果、オンライン診療や低用量ピル処方は、リモートワークが少ない店頭スタッフをはじめ、とても反響が高かったといいます。同じく2022年から女性のライフプランや健康課題についてのセミナーやヘルスケアサポートを提供するCradle（クレードル、159ページ

参照）も導入、社員からセミナーの幅広さや、卵巣予備能をチェックする「AMH検査」などが好評だといいます。

社会の中で手薄だった
女性の健康支援に積極的に取り組む

「メタボ対策や禁煙補助など、主に男性向けの健康支援策はポーラでもすでに実施してきました。でも生理や更年期対策など女性向けの健康支援は、プラットフォーム自体が世の中にあまり存在しなか

(右上から時計回りに)ポーラ 人事戦略部の大城心さん、鈴木ひなさん、廣川直子さん

ったこともあり、男性向けほどケアできていなかったという面があります。

ここ2年ほどのフェムテックの流れの中、そうしたサービスが増えたので、ポーラでも前向きに取り入れるようになりました。**“女性しか使えない支援策を導入するのは不平等では”と二の足を踏むのではなく、“今まで支援できていなかった女性の健康課題に向き合おう”という考え方**です」（ポーラ 人事戦略部 大城心さん）

2021年12月からは、ポーラ五反田ビルの女性用トイレに、生理用ナプキンの無料サービスシステム「OiTr（オイテル）」も設置しました。これは個室内のディスペンサーにアプリをダウンロードしたスマホをかざすと広告が表示され（30秒の動画が2本、ポーラの場合は自社広告）、終了後に生理用ナプキン1枚が無料で出てくるというシステムです（83ページ参照）。

生理が急に始まったり、ナプキンを取りに自席に戻る時間がなかったりするときに便利で安心だと大変好評だといいます。実は、このサービスを導入してほしいと声をあげたのは20代の女性社員で、「生理の困りごとをタブー視するのではなく、話しやすいムードをつくりたい、社内でも社会でもアクションを起こしたい」という想いからだったそうです。

更年期については、セミナーやオンラインカウンセリングを受けられる「よりそる」を導入し、仕事と家族、さらに人によっては介護も重なり多忙な更年期世代の女性をサポートしています。

「子どもをもつ／もたないは個人の自由ですし、生理や更年期症状も女性によって程度がさまざまですが、困っている声やパフォーマンスが低下する原因にはできる限り向き合い、前向きに解決していきたいと思っています。そして**“自分の会社には幅広いサポート体制が用意されている”と女性従業員が感じることで、長く安心して働くことにつながり、会社にとっても大きなプラスになる**と考えています」（ポーラ 人事戦略部 廣川直子さん）

Point

☑ フェムケア経営は人材確保や企業イメージアップにも有効。プラットフォームが揃いつつある今こそ活用を

健康診断を見直せば 女性特有の疾患の早期発見も

三菱地所が東京・丸の内エリアを中心に、働く女性の健康づくりをサポートするために行っているプロジェクト「まるのうち保健室」と、クレアージュ東京 レディースドッククリニックを運営コンサルティングするファムメディコは、2022年3月「働く女性ウェルネス白書2022」を発表しました。

これはクレアージュ東京 レディースドッククリニック提供のオリジナル健診プログラムに参加した、294人の女性の検査結果とアンケートをもとに、神奈川県立保健福祉大学イノベーション政策研究センターが分析した調査データで、働く女性が直面しているさまざまな健康課題を明らかにしています。

今の健康診断では 女性の健康は守れない?

健診プログラムでは、一般的な健康診断ではオプション項目にもあまり入っていない「**経膣超音波検査**」を実施。これは膣内に細いプローブを挿入し、超音波で子宮や卵巣を映し出す検査です。その結果、**4人に1人、40代では42%もの女性になんらかの所見があった**といいます（DATA D）。

有所見者で最多だったのは子宮筋腫で66%、次に卵巣嚢腫（14%）、子宮内膜症（11%）が続きました（DATA E）。これらの疾患は生理痛や貧血の原因になり、女性のQOLや労働生産性を大きく低下させてしまうほか、将来的には不妊などのリスクも高めるため、早期発見が

DATA D

経膣超音波検査の年代別有所見率（n=294）

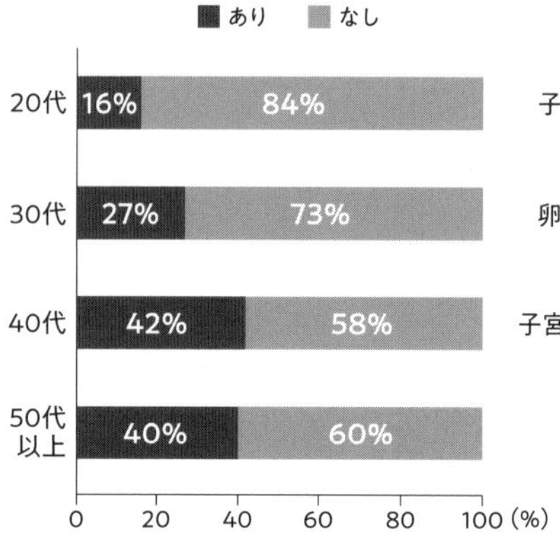

DATA E

経膣超音波検査の所見内訳（n=75）

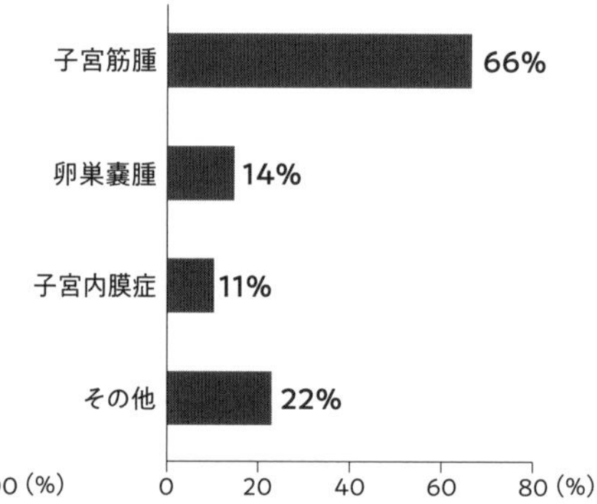

出典:ファムメディコ／調査出典:まるのうち保健室「働く女性ウェルネス白書2022」©三菱地所・ファムメディコ・神奈川県立保健福祉大学

重要です。しかし今回の有所見者のうち33%は、婦人科の受診経験がまったくありませんでした。

「**日本の義務教育では女性特有の症状や対処法について学ぶ機会がほとんどない**ので、今回の調査でも**月経困難症やPMS、不妊症、更年期症状について理解している人は、それぞれ10～27%しかいませんでした。**そのため婦人科の受診に至っていないのが大きな問題です」(ファムメディコ 取締役 CVO 佐々木彩華さん、以下「」内はすべて佐々木さん)

企業の健康診断では、乳がんや子宮頸がん検診の費用補助が行われているケースが多く見られます。そこに、**生理がある女性の20～30%にあるといわれる子宮筋腫をはじめ、子宮内膜症や子宮腺筋症、卵巣嚢腫などが自覚症状のない段階から見つけられる「経腟超音波検査」を追加すれば、多くの女性のキャリアやライフプランにプラスになる**はずです。

女性の悩みに対応した
「鉄代謝検査」も必要

同様に、企業や自治体による健康診断項目にあまり入っていないのが「鉄代謝検査」です。**鉄代謝検査により、血液中のさまざまな**

鉄を測定することで、鉄欠乏性貧血や鉄過剰だけでなく「隠れ貧血」（滞在性鉄欠乏）も調べることができます。

体内で鉄が不足すると最初に貯蔵鉄が減り、血液中の鉄が減少、最後にヘモグロビン（Hb）が減って貧血になります。貧血によって引き起こされる不調は、動悸やめまい、頭痛、イライラ、疲れやすさや倦怠感など。女性は生理により毎月、血液を排出するため気づかないうちに鉄が不足しがちですが、ヘモグロビンの濃度に加え、**一般の血液検査には入っていないフェリチンの量も測定すれば、貯蔵**

DATA F

貧血・隠れ貧血の割合（n=310）

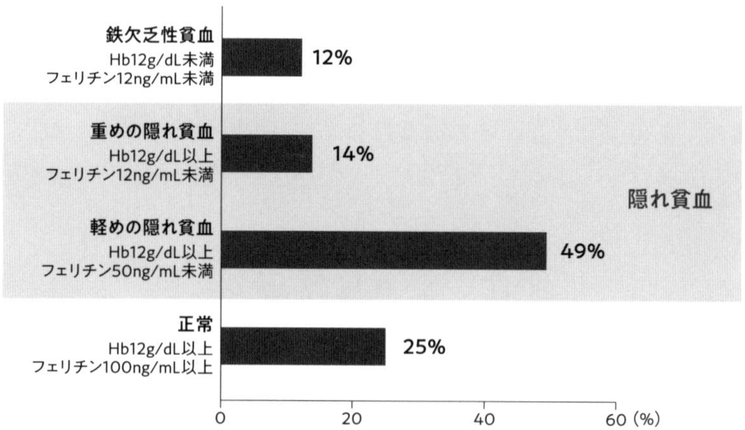

出典:ファムメディコ／調査出典:まるのうち保健室「働く女性ウェルネス白書2022」ⓒ三菱地所・ファムメディコ・神奈川県立保健福祉大学 ※Hb12g/dL以上かつフェリチン50ng/mL未満を本調査では隠れ貧血と記載

鉄の働きがわかり「隠れ貧血」も確認することができるのです。

また子宮筋腫や子宮内膜症、子宮腺筋症などによって経血量が増え、過多月経になってしまうと、重い貧血につながることも少なくありません。

「今回の検査でも、子宮筋腫の有所見者は、ヘモグロビンとフェリチンの値が有意に低いという結果になりました（DATA F）。**鉄代謝検査とともに、過多月経の原因となる疾患を調べられる経腟超音波検査も行えば不調の原因が明らかになり、早めに対応できます**」

「隠れ肥満」女性が33%、
体組成測定も必要

また参加者のBMI（肥満度を表す指標。18.5未満が「低体重・やせ」、18.5以上25未満が「普通体重」、25以上が「肥満」とされる）の平均値は20.7で、全国平均の24.0と比較すると低く、「肥満」の人の割合も8%と全国平均の22%より低いという結果でした（DATA G,H）。

しかし筋肉量や体脂肪率、基礎代謝量を測定する「体組成測定」の結果、BMIが「普通」の女性の33%が、体脂肪率30%以上ということが明らかになりました（DATA I）。これは、**太ってはいないけれど**

DATA G

BMI平均値

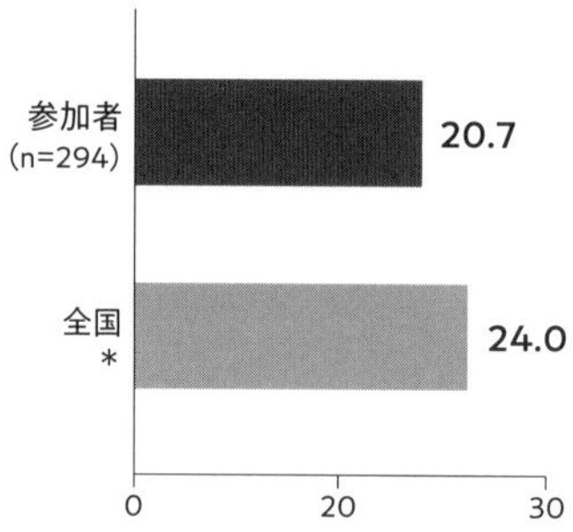

DATA H

BMI(やせ・正常・肥満)の内訳

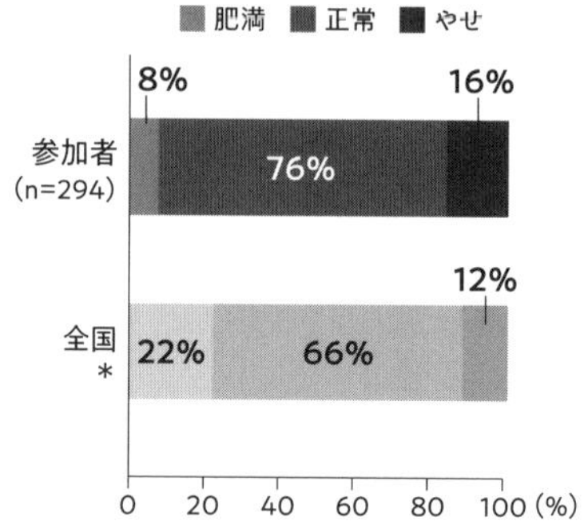

*厚生労働省「平成29年国民健康・栄養調査」https://www.mhlw.go.jp/content/000451760.pdf
(2021年12月23日アクセス)

DATA I

BMI体形別　体脂肪率30%以上・以下の内訳(n=294)

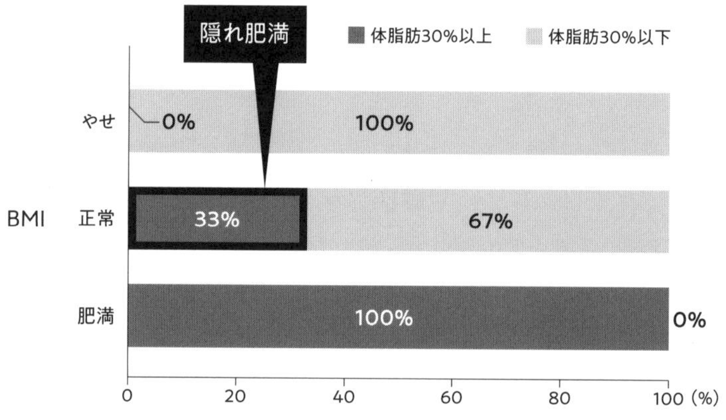

出典:ファムメディコ／調査出典:まるのうち保健室「働く女性ウェルネス白書2022」©三菱地所・ファムメディコ・神奈川県立保健福祉大学 ※体脂肪率30%以上かつBMI正常値(18.5以上25.0未満)を本調査では隠れ肥満と記載

筋肉量が少なく、体脂肪率が高いという「隠れ肥満」を意味しています。

糖尿病や高血圧のリスクが高まるのはもちろん、**少ない筋肉量はロコモティブシンドロームや、将来的にはフレイルの危険性も**あります。

「働き続けたい」と答えた女性の約8割に健康課題

一般的な健康診断では生活習慣病予防のため、40～74歳の人には特定健康診査（いわゆるメタボ健診）が行われていますが、**女性はエストロゲンの働きで生理があるうちは内臓脂肪がつきにくい**ため、腹囲の測定やBMIではリスクがわかりにくいという特徴があります。

労働力人口総数に占める女性の割合が4割を超える中、**男性向けの測定項目を増やすだけでなく、性差を考慮した検査の拡充**が求められます。

「ファムメディコが2021年に行った調査では、**“働き続けたい”と答えた女性の約8割が健康課題を抱えている**という結果になりました。残念ながら**現在の健康診断は“働く人＝男性”という考え方だった1970年代からベースはあまり変わっていません。**

女性が働きやすい環境をつくり、パフォーマンスを上げていくた

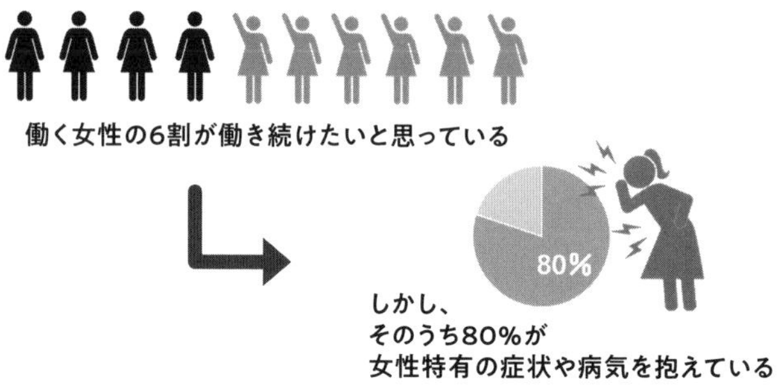

出典:ファムメディコ

めにも、性差を考慮して男女別々の検査項目にするなど、見直しが必要だと思います」

女性特有の健康課題に悩む人、婦人科系疾患をもつ女性は多いものの、現状では婦人科の受診には結びつかず、QOLの低下だけでなく企業、社会の経済損失も招いています。企業が女性のための健診項目を追加することは、こうした負のスパイラルを解消し、長期的な人材確保やウェルビーイング経営の実現につながるはずです。

Point

- ☑ **健診項目に経腟超音波検査や鉄代謝検査を追加すれば、女性特有の疾患の早期発見、QOL向上につながる**
- ☑ **企業が婦人科受診を補助することで、負のスパイラルの解消を目指せる**

女性向け＝ニッチな問題ではない 企業が取り組むべき 支援策を提供

アーティストで、東京芸術大学美術学部の准教授も務めるスプツニ子！（マリ尾崎）さんは2022年、企業の中で生理や妊娠、出産、更年期、不妊治療など、女性の健康課題解決を支援する「Cradle（クレードル）」を立ち上げました。

アート作品で表現した 生理への問題意識から起業へ

「私は2010年に“生理マシーン”という、男性が生理を体験できるアート作品を発表しました。生理の問題は女性の生活や仕事に大きく影響しているのに、タブー視されあまり語られていないことに疑問を感じていたのです。

そして12年たった今年（2022年）、“生理関連のさまざまな悩みは医療で解消できる”という情報を世の中に広げ、女性や社会のあり方を変えていこうという新しいサービス、Cradleをスタートさせました。すでに資生堂、JINS、双日、デロイト、NEC、POLA、ヤフーなどで導入いただいています」(スプツニ子！さん、以下「」内はすべてスプツニ子！さん)

Cradleでは約60の婦人科や不妊治療クリニック、乳腺科などの医療機関と提携し、婦人科検診や卵子凍結、高度な不妊治療、AMH検査(卵巣予備能チェック)などを受診する際のサポートを行っています。また月に2回、D&I(ダイバーシティ&インクルージョン)やヘルスケアについてのオンラインセミナーを開催し、アーカイブ動画も提供しています。

「**経口避妊薬の低用量ピルが日本で承認されたのは1999年ですが、実はこれは国連加盟国で最後**です。アメリカやヨーロッパでは60年代に承認され、約30年後の1994年には北朝鮮でも承認されたのに、日本はさらに5年遅れました。その後、**低用量ピルは月経困難症の治療薬として日本で保険適用されるようになりました**」

国の認可の問題だけでなく、日本のヘルスリテラシーの低さも課題だといいます。

「これまでは女性特有の健康トラブルについては語られることが少なかったため、女性だけでなく男性も理解できていないことを感じ

ヒューマンキャピタル2022（主催：日本経済新聞社、日経BP）で講演するスプツニ子！さん（撮影：辺見真也）

ます。“女性従業員が仕事で困った健康原因”を聞いてみると、女性自身は生理やPMSをあげますが、男性は“メンタルヘルス”と答えているというデータがあります。**生理や更年期の不調を、メンタルの問題だと誤解**しているんですね」

海外との格差、ジェンダーギャップの解消を目指して

他の先進国と比較すると、ホルモン補充療法の認知率も非常に低いことが明らかになっています。

「日本政府は、女性管理職を30％以上に増やそうという目標を掲げていますが、ちょうど**管理職になるタイミングで、更年期に悩む女**

性は多いです。更年期症状にはHRT（ホルモン補充療法）という保険適用の治療法がありますが、残念ながらあまり知られていません。

閉経後の日本女性では1.7％しかHRT治療をしていませんが、オーストラリアでは56％、カナダでは42％です。“更年期は仕方ない”と諦めている人も多いですが、日本には充実した健康保険制度があり、医療的なケアを受ければ仕事もプライベートもQOLが上がるので、知識をつけてケアしたいですよね」

Cradleをはじめ、女性特有の健康問題を解決するための企業向けサービスは増えていますが、導入を進めるにはボトルネックが存在するといいます。

「企業から“**女性だけを支援するのは、不公平なのでは？**”と言われることもあります。今までの健康経営は、メタボ対策や禁煙支援が一般的ですが、データを見るとほとんど男性しかメタボになりません。30代女性は男性の17分の１、40代女性は男性の４分の１以下しかメタボになっていないのです。**決定権がある層に男性が多いと、“自分たちの健康課題＝社会全体の課題”だと、どうしても思ってしまう**のです。

女性の約9割が生理や妊娠、出産、更年期などの悩みを抱えながら仕事をしているといわれていますが、“**女性だけだからニッチな問題”だと追いやられてしまいがちで、これはジェンダーギャップ**

の一つだといえます。**メタボ対策を健康経営でやるのなら、女性の健康支援もやらないと、D&I的にもフェアではない**と思うのです」

一方、フェムテックがブームになったことで、女性が個人的な体験をSNSなどで発信することが増えた今、正しい情報を見極めることが重要だといいます。

「Cradleが企業に提供しているオンラインセミナーは、匿名で参加できることもあり、非常に多くの質問が寄せられます。**専門医による正しい情報を聞ける環境をつくる**ということは重要ですね。

最近はソーシャルメディアを通じて、生理や妊娠、出産、更年期などの悩みを共有しあう女性が増えていますが、**ネットで個人に質問し、誤った回答を真に受けてしまったり、エビデンスのないスピリチュアル的な情報に傾倒して生理痛を治そうとしたりするのは危険だと思います。心配に感じたら婦人科に行こうというカルチャーを広めたい**です」

Point

- ☑ **特に男性に顕著なヘルスリテラシーの問題、そこから生まれるジェンダーギャップは改善が必要**
- ☑ **女性の健康支援を導入してこそ、D&I経営は実現できる**

Solutions

生理で悩まない社会をつくるための、
3つのソリューション

日経BP総合研究所では、働く女性の生理による不調を減らし、働きやすい社会を実現するために「生理快適プロジェクト」を行っています（協賛／あすか製薬、バイエル薬品、富士製薬工業 ※50音順）。このプロジェクトでは、生理についてもっと理解し、自律的に向き合っていくために、女性だけでなく企業や社会全体で取り組みたいアクションプランと、生理の異常を早く見つけるためのCheckシート、生理についての知識不足や誤解をチェックするQ&Aをまとめています。

本書の最後にこれらをご紹介します。女性と社会の未来を考えるための一助になれば幸いです。

生理快適プロジェクトのホームページでは、次ページから紹介するアクションプラン／Checkシート／Q&AのPDFをダウンロードできるほか、具体的な行動のヒントや先行事例も紹介しています。

生理快適プロジェクト
https://special.nikkeibp.co.jp/atclh/DRS/20/seirikaiteki/

生理で悩まない社会を目指して！
アクションプラン

© 生理快適プロジェクト・日経BP 総合研究所
※内容を一部改変しています。

Action Plan 女性編

☑ 生理周期（もしくは基礎体温）や体調などの記録を付けてみよう

☑ 正しい知識を持つことで適切な判断・行動ができるようになろう

☑ 生理のつらい症状を我慢しない

☑ 気軽に生理の話ができる「生理バディ」を見つけよう

☑ 生理による不調には個人差があることを認識しよう

☑ 安心して相談できる産婦人科のかかりつけ医（マイドクター）を持とう

☑ 年に1度は産婦人科定期健診を。娘がいたら親子で受けよう

Action Plan 企業編

☑ 男性社員や管理職の、女性の健康課題に対するリテラシーを高めよう

☑ 女性の生理の仕組みや男女の性差について全社員が理解し、働き方改革につなげよう

- ☑ 女性がカラダのことを気楽に相談できる
  専門窓口を設置しよう
- ☑ 産業医に産婦人科医を、または産婦人科医と連携しよう
- ☑ 産業保健スタッフなどを活用しよう
- ☑ 健康診断に月経異常、隠れ貧血など女性のための問診や
  検査項目を追加し、不調の早期発見につなげよう
- ☑ 通院や生理休暇が取りやすいよう就労制度を改革しよう
- ☑ 産婦人科の受診費用を補助しよう

Action Plan 社会編

- ☑ 学校で生理に関する学びをカリキュラムに取り入れよう
- ☑ 先生にも保護者にも、生理の知識と対処法・接し方を
  学ぶ機会をつくろう
- ☑ 健康診断時に、生理の異常を早く見つける問診項目を
  追加しよう
- ☑ 家庭で生理について話しやすい雰囲気をつくろう
- ☑ 親子で生理について話す機会（初潮時、中学卒業時など）を
  持とう
- ☑ 相談できる産婦人科医の「マイドクター」をつくろう
- ☑ 社会全体で生理による不調には個人差があることを
  認識しよう
- ☑ 産婦人科への相談や検診が受けやすい社会をつくろう
- ☑ 低用量ピルの誤った認識や偏見をなくし、
  正しい理解を広めよう

アクションプランのPDFダウンロードはこちら

生理の異常を早く見つけるための
Checkシート

監修／甲賀かをりさん 東京大学大学院産婦人科学講座

Check 1 PMS（月経前症候群）

生理前にこんなことが気になりませんか？

［ 体の症状 ］

- ☑ 乳房の痛み
- ☑ 頭痛
- ☑ おなかの張り、腰痛
- ☑ 手足のむくみ

［ 精神的症状 ］

- ☑ 抑うつ気分
- ☑ イライラ
- ☑ 混乱
- ☑ 怒りっぽくなる
- ☑ 不安
- ☑ 引きこもり

※過去3カ月連続で生理前5日間に、上記の1つ以上の症状が出る

※生理開始後4日以内に症状が解消し、13日目まで再発しない

※薬やアルコールによる症状でない

※社会的・経済能力的に明確な障害が認められる

→ **こんな人はPMSかもしれません。一度産婦人科で相談してみましょう。**

Check 2 生理の状態

生理中にこんなことが気になりませんか？ ✓がついたら産婦人科で異常がないか検査してもらいましょう。

[生理の量]

☑ ナプキンの交換が間に合わず、よく服を汚す

☑ 昼間でも常に「夜用」ナプキンを使う日がある

☑「昼用」ナプキンでは2～3時間もたない

☑ タンポンとナプキンを両方使っている

☑「夜用」ナプキンでも一晩もたず、夜中にナプキンを取り替えたり、布団を汚すこともある

☑ 親指の先くらいのレバーのようなかたまりが出る

☑ 出血量が少なすぎる（ナプキンを1日1～2回しか替えなくても済む）

[生理の痛み]

☑ 毎周期、痛み止めを飲んでいる

☑ 痛み止めを飲んでも効かないことがある

☑ ここ最近、痛みがひどくなってきている（去年より今年はつらい）

[生理期間]

☑ 生理期間が1～2日で終わる、もしくは8日以上続く

☑ 生理でないときに出血することがある

[生理周期]

☑ 生理周期が25日より短い、もしくは38日より長い

（甲賀さんの取材を元に作成）

正常な生理の目安

初経年齢:平均12歳

生理周期日数:25〜38日

出血持続日数:3〜7日(平均5日間)

1周期の総経血量:20〜140ml

上記の目安と今の自分の生理の状態を比べてみて、これに当てはまらない人や、心配がある人は、学校の保健室や産婦人科に相談してみましょう。

また、高校生になっていても初潮を迎えていなかったり、昼でも夜用のナプキンが必要なくらい経血(出血)が多いのも正常ではない可能性があります。

以下の項目で、手帳やスマートフォンに、体調の記録をしてみましょう

起床時間・就寝時間

生理開始日、終了日

生理の出血量(多い、普通、少ない)

痛み(強、中、弱、無)

症状(おりもの、むくみ、ニキビ、便秘、眠気、
食欲(↑、↓)、頭痛、腹痛、イライラ、胸が張る、
お腹が張る、憂うつ、怒りやすい、
仕事が手につかない、ぼんやりする……)

薬、サプリメントの使用有無

基礎体温

etc.

Checkシートのダウンロードはこちら

男性も女性もやってみよう！
生理と女性の健康Q&A

監修／甲賀かをりさん 東京大学大学院産婦人科学講座

Q1 生理前や生理中の不調は気のせい、その女性の生活が乱れている証拠？

× 生理前や生理中の不快な症状は、その人のせいで起きるわけではありません。

生理前の不快な症状を「PMS（月経前症候群）」といい、生理の始まる3〜10日前頃から起こり、生理の開始とともに軽減または消えるのが特徴です。症状はおなかや乳房の張り・痛みのような体の症状から、イライラや憂うつなど精神的な不調があらわれることもあります。

生理中に起こる不快な症状は、下腹部痛、腰痛、背中の痛み、頭痛、吐き気などです。生理前、生理中のこうした症状は、その人の臓器の形、ホルモンに対する感受性、生まれ持った体質などの違いで起きるので、その人の気のせいや生活のせいではありません。

ただし、なかには子宮筋腫や子宮内膜症などの病気が原因で症状が起きている場合もあるので、症状がひどくなったときは我慢せずに産婦人科を受診しましょう。

Q2　すべての女性が毎月、同じような生理痛を経験している?

✕ 痛みの程度、症状、痛む場所など、一人ひとりが異なる症状を経験しています。

生理中に多い症状は腰痛や腹痛などですが、痛みの程度、症状、痛む場所などは人によって違い、一人ひとりが異なる症状を経験しています。ひとりの人でも月によって症状が異なることもあります。下腹部とは関係のない頭痛や吐き気などの症状が起きる人もいます。

生理痛がひどくて起きていられないようになり、学校や仕事に行けなくなったり、日常生活に支障をきたしたりする場合を月経困難症といいます。主な症状は、生理中の下腹部痛、腰痛、背中の痛み、頭痛、吐き気など。便秘や下痢、寒気や発熱、貧血を伴うことや、生理の量や期間に異常を感じる場合もあります。つらい症状は産婦人科の治療で軽快する場合があります。

Q3　女性の生理にまつわる不調は、生理中に起こるもの?

✕ 生理中に起こるのは腰痛や腹痛などの生理痛が代表的ですが、生理中以外に起きる不調で悩む女性も多くいます。

排卵時に排卵痛がある人、また生理が始まる前の期間に、イライラや怒り、うつのような精神症状のほか、下腹部痛、乳房痛、過食などの症状が出るPMSに悩む人もいます。その結果、1カ月のうち不調がないのは生理後の一定期間だけで、ほかの期間はずっと不調に悩まされる女性も少なくありません。

Q4 PMS（生理前の精神的あるいは身体的症状）があるのは、女性ホルモンの分泌が乱れている悪い証？

✕ むしろ、女性ホルモンが正しく分泌されていて、きちんと排卵があるからこそ起きる症状といえます。

PMSが発症する直接の原因は不明ですが、女性ホルモンの一つ、黄体ホルモンが発症に関与しています。生理周期に伴って分泌される黄体ホルモンは、本来は女性の体を妊娠に向けた準備をさせるために増減していますが、この変化が、むくみや張り、頭痛など女性にとって都合の良くないさまざまな症状を引き起こしていると考えられているのです。

同様な理由で、黄体ホルモンの変動によって神経も過敏になり、心の変化が起こりやすくなる人もいます。症状がつらい人は産婦人科に相談を。

Q5 生理があれば、排卵している証だし、自然妊娠できる？

✕ 無排卵月経など生理があっても排卵していない場合があり、その場合は妊娠できません。

排卵をしていない無排卵月経でよくみられる症状は、月経異常（頻発月経、希発月経、過多月経、過長月経、過少月経、過短月経）、不正出血、不妊などですが、正常の生理とほとんど変わらない出血の場合もあります。

閉経前の更年期にも無排卵月経が起きやすくなります。無排卵月経では妊娠は成立しませんので、妊娠希望の場合は、基礎体温などを測ってみて体温の変化から、排卵をしているかを確認しておくと安心です。

Q6　不妊の原因は、女性側に多い？

✕ 不妊の原因は、男女ほぼ同数です。

正常な性機能をもつカップルは、避妊しなければ1年間でその80%、2年間で90%が妊娠します。このことから、1年間以上、妊娠の兆しがないカップルは、不妊症と診断されます。

不妊の原因は、女性側30%、男性側30%、残りが原因不明です。男性と女性の原因がほぼ同数で、女性だけが原因でないことがよくわかります。（参考：女性の健康推進室ヘルスケアラボ）

Q7　卵子は毎月新しくつくられている？

✕ 女性は200万個ほどの卵子を持って生まれてきますが、精子とは異なり、卵子は女性の生涯で新しくつくられることはありません。

卵子は加齢に伴い徐々に数が減っていき、思春期から生殖適齢期には30〜50万個に、37歳くらいまでに2万個に、その後の十数年で1000個以下となり50歳前後で閉経を迎えます。

このように加齢に伴い数が減っていくことに加え、卵子は排卵されるまでの非常に長い期間、卵巣内でさまざまなストレスにさらされ続けるため、加齢とともに質の低下も起こってくると考えられています。

（参考：日本生殖学会、Proc R Soc Lond B Biol Sci. 158: 417-433, 1963）

Q8　生理痛は病気ではないので、我慢すべき？

✕ 生理痛で困っているなら治療の対象になります。我慢せず、産婦人科の受診を。

生理痛によって、仕事や学業能率の低下や生活に支障が出るなどは、程度にかかわらず、本人が困っているなら産婦人科を受診するタイミングです。生理痛は、子宮内で月経血を押し出そうとするホルモン（プロスタグランジン）の働きによるものです。

このメカニズムは、陣痛とほとんど同じなので、痛みを感じるのは生理的な現象ですが、20代以降は、生理痛の背後に子宮内膜症という病気が隠れているケースが増えます。

また、生理痛がある人はない人に比べて将来子宮内膜症を発症するリスクが高いといわれています。子宮内膜症は不妊症の原因となることがあります。年単位で痛みが強くなっているような場合や、生理時以外に痛みがある場合も、産婦人科に相談しましょう。

Q9　日本人の閉経の平均年齢は60歳？

×　平均の閉経年齢は約50歳です。初経の年齢は徐々に早まっていますが、閉経時期はほぼ昔と変わっていないといわれています。

女性の健康を支えるために女性ホルモンはとても大切な役割を担っています。この大切な女性ホルモンを産生する卵巣は、40歳を過ぎる頃から機能が低下し始め、女性ホルモンは減少します。これに伴って生理周期が不規則になり、その後、50歳頃に生理が停止します。これが閉経です。

閉経を挟んだ前後5年間を更年期と呼びますが、45歳から55歳頃の更年期の10年間には、心身ともにさまざまな変化がみられるようになります。

この時期に起きる不調を更年期症状といい、程度の差はあっても誰にでも起こります。その中で、仕事や家庭生活などに支障が出るほど重い症状が続くケースを更年期障害といいます。

主な症状として、自律神経の乱れから起こる動悸や息切れ、のぼせ、ほてり、発汗異常などのほか、頭痛や腰痛、肩凝り、手足のしびれ、イライラ感、めまい、耳鳴り、不安感、不眠、食欲不振などがみられます。また、皮膚や粘膜の乾燥、ドライマウス、尿失禁、外陰部のかゆみなどに悩む人も珍しくありません。

Q10　低用量ピルとは、避妊薬？

△　低用量ピルは、生理痛などの
月経困難症の治療にも使われます。

低用量ピルはエストロゲンとプロゲステロンの2種類の女性ホルモンを低用量含む薬の総称です。OCと呼ばれる避妊用の薬（保険適用外）のほかに、LEPと呼ばれる月経困難症の治療薬があります。生理痛などの症状の治療には、保険が使える薬として低用量ピルが使われています。

Q11　低用量ピルの服用経験があると、将来妊娠しづらくなる？

×　低用量ピルの内服は、
将来の妊娠しやすさに影響しません。

低用量ピルは排卵を抑えて妊娠しにくい状態をつくり出すことで、生理痛などの痛みを和らげます。そのため、低用量ピルを使っている間は、妊娠しにくくなりますが、のむのを中止すると生理は元の状態に戻り、普通に妊娠できる状態になります。

低用量ピルを使ったことで、将来の妊娠しやすさに明らかな影響があるというデータは今のところ見出されていません。

Q12　生理は体の中の悪いものを排出する「デトックス」なので、必要なもの？

✕　生理は、妊娠が成立しなかったときに起きる現象であり、体内の悪いものを排出する「デトックス」の意味はありません。

月経血を体の外へ排出することでデトックスになるという、誤った認識を持っている人は少なくありませんが、生理にデトックスの意味はありません。

生理は妊娠のためには必要なものですが、妊娠を希望していない時期では女性の体にとって負担となることがあります。生理痛などのトラブルがある場合は、毎月の排卵を抑えたり、生理の回数を減らすなどの治療を検討することも、現代女性にとっては必要となることがあります。

Q&AのPDFダウンロードはこちら

フェムケア イニシアティブがスタート

日経BP 総合研究所では2022年7月、ヘルスケア分野におけるジェンダーギャップの解消を目標に、企業協賛型の「フェムケア イニシアティブ」を立ち上げました。研究会の実施とともに、社会に向けた啓発・提言活動、社会実装の検討などを行っていきます。
参加パートナー／お米で健康イニシアチブ、第一三共ヘルスケア（ロキソニン）、ファンケル、明治（50音順）

フェムケア イニシアティブへの参加お申込・お問い合わせは
日経BP 総合研究所 お問い合わせフォームまで

https://project.nikkeibp.co.jp/bpi/form/

※お問い合わせ内容の欄に「フェムケア イニシアティブについて」と明記してください。

KEYWORD 用語解説

本文中で紹介した、知っておきたいキーワードを解説します。

◎えるぼし認定

えるぼし認定とは、「女性の職業生活における活躍の推進に関する法律」(女性活躍推進法)に基づき、女性の活躍促進が優良な企業を認定する制度です。女性が能力を発揮しやすい職場環境であるかどうかを「採用」「継続就業」「労働時間等の働き方」「管理職比率」「多様なキャリアコース」の5つの項目で評価し、企業は3段階目(5つすべての基準を満たしている)、2段階目(3～4つの基準を満たしている)、1段階目(1～2つの基準を満たしている)の3種で認定されます。

評価項目の実績については毎年、厚生労働省の「女性の活躍推進企業データベース」に公表が必要で、より高い水準の要件を満たした企業が受けられる「プラチナえるぼし認定」もあります。

◎GSM

Genitourinary Syndrome of Menopauseの略で、日本語では「閉経関連泌尿生殖器症候群」。女性ホルモンの影響によって起こる、更年期女性のデリケートゾーンの不具合を指します。2014年に国際女性性機能学会と米国更年期学会が提唱した疾患です。

閉経期から閉経後の女性は、女性ホルモンであるエストロゲンの分泌量が急激に低下することで自律神経が乱れ、ほてりや動悸、発汗やイライラ、ドライマウスなどさまざまな更年期症状が起こります。そして同じくエストロゲンの減少によって、膣や外陰部などデリケートゾーンの粘膜や皮膚組織が乾燥・萎縮し、痒みや灼熱感などの不快症状や、性交痛などの性機能障害、さらに頻尿や尿もれといった排尿障害が起こるのがGSMです。

日本産科婦人科学会の「産婦人科診療ガイドライン 婦人科外来編2020」によると、GSMの治療には保湿剤の使用やエストロゲン療法のほか、顔のリフトアップなど美容医療で使われてきた炭酸ガスフラクショナルレーザーの照射も有効とされており、膣粘膜用のレーザー治療（モナリザタッチ）を導入するクリニックが増えてきています。

また外陰部が萎縮すると同時に、骨盤底の筋肉が衰えてしまうと尿トラブルが悪化することから、骨盤底筋をトレーニングする運動やアイテムなど、セルフケアも注目されています。デリケートゾーンの洗い過ぎや乾燥を防ぐ専用ケア製品も続々登場しているほか、帝人からは「膣内環境を良好にする」日本初の機能性表示食品が発売されるなど、GSM関連の市場は拡大しつつあります。

以前は人に相談しにくく、放置することで慢性化してしまい、QOLの低下を招いていたGSMですが、女性たちが声を上げることで認知度が徐々に高まり、対処法も増えてきています。一方男性も更年期症状で排尿障害などが起こることが知られています(次頁参照)。人生100年時代、排泄障害を防ぎ自立した健康生活を長く楽しむためにも、早めの対策や治療が求められています。

◎男性更年期障害

男性に生じる更年期障害のこと。更年期障害というと、閉経前後にエストロゲン（女性ホルモン）が減ることによって起こる、女性特有の症状と思われがちですが、中高年男性でもテストステロン（男性ホルモン）の減少に伴って不調が発生、男性更年期障害（加齢性腺機能低下症、またはLOH症候群、LOHはLate-Onset Hypogonadismの略）と呼ばれています。

男性更年期障害の症状としては、女性と同様にイライラや無気力感、不眠、ほてりや発汗のほか、ED（勃起障害）、排尿障害、糖尿病や肥満、メタボリックシンドロームなどがあります。テストステロンは筋肉や骨格など男性らしい肉体をつくるはたらきがあるため、減少するとサルコペニア（筋肉の減少）とも関連、精神面や認知機能にも影響します。

女性の場合、エストロゲンは急激に減少し、閉経後5年ほど経つと症状が落ち着くため、更年期障害が起こる年齢は45〜55歳前後が目安になりますが、男性はテストステロンの減少スピードや度合いに個人差が大きく、40代以降いつでも症状が起こり得る上、長期間継続する可能性もあります。

血液検査で男性ホルモン値が低く、男性更年期障害と診断された場合には、運動や食など生活習慣指導で症状の改善が見られるほか、漢方薬やED治療薬、抗うつ薬などが処方され、テストステロン補充療法も行われます。女性だけでなく男性のホルモン不調についても注目が必要です。

あとがき

婦人科医の間で使われている「ママブロック」という言葉をご存じでしょうか？ つらい生理痛や不調を抱えた若い女性が、婦人科を受診しようとすると「婦人科に通うなんて、近所の人たちに何を言われるか」「女性なら皆、我慢しているのよ」と、母親によって通院や治療が制止されてしまうことを指すそうです。

そして学校でも女性の健康問題や対処法について学ぶ機会がないまま社会人になり、痛みやつらさを抱えつつ、多くの女性が働いているというのが現在の状況です。たとえ婦人科に通院しても「会社にバレたくない」と、わざわざ遠いクリニックに行ったり、企業の健康保険を使わず自費診療を選んだりする女性もいるといいます。

しかし本書で紹介してきた通り、月経困難症や子宮筋腫の女性はとても多く（私自身もそうです）、放置していると症状の悪化や、重篤な疾患への進展を招くことがあります。「婦人科に通う女性は性生活が乱れている」「女性として欠陥がある」と考えるのは大きな間違いで、親や教師などが「女性なら我慢するのが当たり前」と教えるのは誤った洗脳、一種の呪いのようなものです。

こうした「呪い」の結果、つらくても症状について語らず、生理休暇も取得しない（できない）女性が多いため、企業や管理職側は、女性特有の健康問題の存在自体をあまり意識してきませんでした。女性たちが我慢してきた結果、問題が可視化されず、サポートされないという皮肉なループです。

しかし、女性が快適に働き続けられる社会をつくるためには、我慢を美徳とし続けるのではなく、問題を共有し、解決していくことが必要です。2021年に政府が閣議決定した「経済財政運営と改革の基本方針（骨太方針）」でも、日本の成長戦略に「フェムテックの推進」が盛り込まれましたが、これが絵に描いた餅にならないためには、それぞれの職場で、管理職と働く女性、男性と女性がお互いに理解し、対話し、助け合う意識を持つことが大切だと思います。性差や個性を受け入れ、多様性を活用する、ダイバーシティマネジメントを組織全体で実現することが不可欠なのです。

本書で紹介した41のデータや、さまざまな企業のケーススタディが、働く女性の健康問題や現状を理解する一助となり、職場に存在する多くの壁、女性活躍を阻むハードルを、少しでも減らすことができればと願っています。

日経BP 総合研究所 メディカル・ヘルスラボ 米川瑞穂

初出一覧
本書の一部は、以下の掲載記事をもとに加筆・修正しました。
『日経xwoman』2022年2月10日、『Beyond Health』2021年4月9日、5月17日、11月17日、2022年6月10日、6月23日、6月29日、7月21日、8月5日、8月17日、9月21日、『生理快適プロジェクト』ホームページ 2021年9月24日

取材・文
片岡えり、速水由美、西山美紀、福島安紀、米川瑞穂（50音順）

ウェルビーイング向上のための
女性健康支援とフェムテック

2022年11月7日　初版第1刷発行

編著者　米川瑞穂／日経BP 総合研究所 メディカル・ヘルスラボ
発行者　河井保博
発　行　株式会社日経BP
発　売　株式会社日経BPマーケティング
〒105-8308 東京都港区虎ノ門4-3-12

編集　降旗正子（Paradise Lost）
装丁デザイン　小口翔平＋阿部早紀子（tobufune）
本文デザイン・図版・DTP　田中俊輔（PAGES）
印刷・製本　大日本印刷株式会社

ISBN978-4-296-20038-2